Creating the New Development Paradigm
Promoting High-Standard Opening Up

构建新发展格局
推进高水平对外开放

2022东北亚经济论坛暨东北财经大学
第七届"星海论坛"专家论文集

Creating the New Development Paradigm
Promoting High-Standard Opening Up

Northeast Asia Economic Forum 2022 and the 7th "Xinghai Forum" of Dongbei University of Finance and Economics

东北财经大学东北亚经济研究院　编

东北财经大学出版社
Dongbei University of Finance & Economics Press
大连

图书在版编目（CIP）数据

构建新发展格局　推进高水平对外开放：2002东北亚经济论坛暨东北财经大学第七届"星海论坛"专家论文集 / 东北财经大学东北亚经济研究院编 . —大连：东北财经大学出版社，2023.12

ISBN 978-7-5654-5047-1

Ⅰ．构…　Ⅱ．东…　Ⅲ．东北亚经济圈–区域经济合作–文集　Ⅳ.F114.46–53

中国国家版本馆CIP数据核字（2023）第246081号

东北财经大学出版社出版

（大连市黑石礁尖山街217号　邮政编码　116025）

网　　址：http://www.dufep.cn

读者信箱：dufep@dufe.edu.cn

大连图腾彩色印刷有限公司印刷　东北财经大学出版社发行

幅面尺寸：170mm×240mm　　字数：111千字　　印张：9.75

2023年12月第1版　　　　2023年12月第1次印刷

责任编辑：李　季　　　　　　　责任校对：刘东威

封面设计：原　皓　　　　　　　版式设计：原　皓

定价：56.00元

前　言

　　2022年10月，党的二十大胜利召开，这是我们党进入全面建设社会主义现代化国家、向第二个百年奋斗目标进军的重要标志。党的二十大科学谋划了未来一个时期党和国家事业发展的目标任务和大政方针，擘画了以中国式现代化全面推进中华民族伟大复兴的宏伟蓝图。为深入学习贯彻党的二十大精神，落实党中央"必须完整、准确、全面贯彻新发展理念，坚持社会主义市场经济改革方向，坚持高水平对外开放，加快构建以国内大循环为主体、国内国际双循环相互促进的新发展格局"的工作部署，2022年12月17日，由东北财经大学指导，东北财经大学东北亚经济研究院、中国国际商会、新浪财经、东源投资和东北财经大学上海合作组织研究中心、产业组织与企业组织研究中心、科研处、发展规划与学科建设处联合主办的"构建新发展格局　推进高水平对外开放——2022东北亚经济论坛暨东北财经大学第七届'星海论坛'"在线上成功举办。

　　论坛设置了主旨演讲、新书发布、分论坛等多个环节。来自中国工业经济学会、国家发展和改革委员会经济研究所、中国建设银行研修中心（研究院）、中国电子信息产业发展研究院、中国东北振兴研究院、全国日本经济学会、腾讯金融研究院、复旦大学、南京大学、暨南大学、黑龙江省社会科学院、吉林大学、辽宁大学、东北财经大学等国内企事业单位、科研机构和大中专院校的数十名专家学者出席了本次论坛。论坛围绕东北加快融入国内国际双循环发展格局，为新时期推动东北全面振兴取得新突破献计献策。

本论文集是对与会专家学者真知灼见的集结汇总，按照具体探讨的问题分为四篇：

第一篇"新发展格局下东北振兴新突破的机遇与挑战"。融入国家的国内国际双循环新发展格局是实现东北全面振兴新突破的必由之路，对于东北而言机遇与挑战并存。本篇汇集9位特邀嘉宾的主旨报告，分别从金融突破、对外开放突破、产业重塑突破、绿色发展突破、全要素生产率突破等方面全方位分析了东北融入新发展格局面临的机遇、挑战和突破路径。

第二篇"新发展格局下的东北金融再造"。面对新发展格局和新发展理念，金融发展也在与时俱进，东北金融需要借势再造。本篇汇集2位业界专家的报告内容，就如何借鉴新兴城市的"弯道超车"经验和ESG崛起新赛道的重要机遇，充分发挥东北自身优势，推动东北实现金融再造，提供了思路和模式建议。

第三篇"RCEP下的东北高水平对外开放"。RCEP签署生效为东北打造对外开放新前沿提供了重要机遇，也为东北深化与日韩的高水平经贸合作奠定了重要基础。本篇汇集4位专家学者的报告内容，分别深入分析探讨了RCEP对中日、中韩以及东北亚区域经济合作的影响和应对策略，能够为东北实现高水平对外开放新突破，特别是与日本电子信息产业合作，提供重要路径依据。

第四篇"产业转型升级与高质量发展"。产业转型升级是东北全面振兴的核心和重要基础，兼具复杂性、紧迫性和长期性。本篇汇集4位专家学者对广东产业高质量发展、我国电力体制改革问题、数字化创新发展与区域协调发展互动关系问题的探讨，以及对中小企业向"专精特新"发展的现状分析，能够为加快东北产业转型升级提供有力参考和借鉴。

面对百年未有之大变局和民族复兴新征程，东北作为我国社会经济发展的重要战略区域肩负着更为重大的历史使命。东北全面振兴需要加快融入国家新发展格局，更需要在融入的进程中构建东北的新发展格局，实现高水平的对外开放。因此，研究探讨新发展格局下东北全面新突破的机遇与挑战，提出实现东北经济高质量发展的对策与建议，具有十分重要的现实意义。本论文集是参加"2022东北亚经济论坛暨东北财经大学第七届'星海论坛'"所有嘉宾的智慧结晶，谨以此文集对所有嘉宾的热情参与和辛苦付出表示最诚挚的感谢！

施锦芳

东北财经大学东北亚经济研究院院长

目 录

第一篇

新发展格局下东北振兴新突破的机遇与挑战

发挥金融促进东北全面振兴作用

尚福林
全国政协经济委员会主任、中国银监会原主席

我国幅员辽阔，地区间差异大，东北地区是连接东北亚经济带的重要通道，借此会议机会，我想主要从服务区域经济发展的角度，围绕进一步发挥好金融促进东北全面振兴的作用谈一些看法。

一、东北振兴取得新进展，面临新挑战

东北地区是我国重要的工业和农业基地，维护国家国防安全、粮食安全、生态安全、能源安全、产业安全的战略地位十分重要。

近年来，特别是党的十八大以来，东北地区综合经济实力稳步提升，产业结构调整取得进展，自主创新能力逐步提升，国企改革稳步推进，营商环境持续改善。农业生产现代化的水平不断提高，对全国粮食增产贡献稳定。基础设施投资力度较大，对经济拉动作用明显。2021年，东北地区第一产业占地区生产总值的比重达到13.4%，东北三省粮食总产量达到645亿吨，占全国21.2%，合计增产达到765万吨，对全国粮食增产的贡献率达57.2%。为保障我们国家的粮食安全，做出了非常重大的贡献。在金融方面，改革开放以来特别是党的十八大以来，金融对东北地区

实体经济支持成效明显，银行业稳健发展，直接融资的规模增长显著，在加大重点领域和薄弱环节支持力度、支持东北产业转型升级等方面做出了积极贡献。截至2021年年末，东北地区有A股上市公司174家，自2012年以来增加了58家，总市值近1.7万亿元。本外币各项贷款余额为10.2万亿元，同比增长4.7%。

当前东北地区处于全面振兴取得新突破的关键时刻，振兴发展仍然面临一些问题和挑战。2021年，东北三省地区经济增速比全国平均水平低2个百分点，是东部、中部、西部和东北地区四大板块中增速最低的，经济下行压力较大。东北产业结构调整任务仍然艰巨。东北三省科教基础比较雄厚，潜能尚未充分激发出来。2022年以来，受国际局势和新冠疫情多重因素的影响，东北经济运行面临下行压力，实体企业经济效益下降。

从金融运行上看，一是社会融资规模的增速有所放缓。2021年，受表外业务大规模压降和辽宁地方中小银行改革化险等因素影响，东北地区的社会融资规模增速放缓。2021年，东北地区全年社会融资规模增加3 595.4亿元，比上年少增3 192.1亿元。其中，人民币贷款增加4 609.3亿元，比上年少增1 192.7亿元。从金融资金供给整体结构上看，东北地区融资过度依赖银行，虽然党的十八大以来东北地区的融资情况有所改善，上市公司增加比较多，但与其他地区相比，直接融资占比较低。2021年，辽宁社会融资规模增量−1 024亿元，是全国唯一负增长省份。黑龙江和吉林2021年社会融资规模增量中股票融资的比例分别为0.9%、2.0%，分别比全国平均水平低3.3和2.2个百分点。

二是金融服务质效仍有待提高。2021年年末，东北地区金融机构各项存款同比增速比全国低3.7个百分点，为5.6%；各项贷款同比增速低于全国6.6个百分点，为4.7%。东北地区普惠金融的发展程度低于全国平均水平，涉农贷款在全国的比重不断下降。分区域看，东部、中部、西部和东北地区普惠小微贷款余额同比分别增长 31.3%、20.8%、22.2% 和 14.4%，东北地区增速为各区域中最低。2021 年年末，全国涉农贷款余额为 43.2 万亿元，同比增长 10.9%。其中，东北地区涉农贷款同比增速为 3.0%，低于全国平均水平 7.9 个百分点。

三是区域金融风险有所积累。分区域看，2021 年年末，东部、中部和西部地区不良贷款率同比下降，东北地区不良贷款率同比上升 0.1 个百分点。东北地区中小银行资产质量相对较差，整体经营上与东部地区仍然有较大差距，改革化险任务比较重。目前，通过发行地方政府专项债补充资本、稳步实施中小金融机构并购重组计划，推进地方法人银行重组整合等方式已经取得一些进展。

二、抓住高质量发展机遇，进一步发挥好金融支持东北振兴作用

东北建设现代化经济体系具有良好的基础条件。在推进中国式现代化进程中，东北地区具有巨大潜力。东北振兴离不开产业支撑，而产业的发展又离不开金融支持。进一步发挥金融支持实体经济的作用，支持东北高质量发展，是国家发展战略的要求，金融部门责无旁贷。要继续深化金融供给侧结构性改革，优化东北金融环境，夯实"三个基础"，抓住"四个机遇"，切实提高服务东北振兴的质效。

（一）"三个基础"

第一，夯实金融体系基础。东北地区作为重要资源和高端装备产品的生产基地，下一步加快科技创新步伐，推动传统产业转型升级，促进科技企业发展，不仅需要银行信贷的支持，更需要资本的投入。要大力发展资

本市场，优化融资结构，促进产融结合。资本市场的重要意义是通过市场发现价值，让企业拥有市场价格。发行股票或通过债券融资，实现资金的筹集、兼并重组，有利于形成长期资本，有利于控制企业成本和债务杠杆、降低企业负债率。通过资本市场促进企业并购重组，有利于上市公司对上下游企业的资源整合，实现资源优化配置，释放企业动能。

第二，夯实风险防控基础。防范和化解金融风险是金融工作的主题。提供高质量的金融服务，需要健康的金融供给体系。近年来，东北地区地方中小银行风险暴露较多，造成了区域性金融风险。从风险形成的内因看，主要是公司治理不健全，内控机制失效。同时，东北地区经济转型升级任务重，企业资产质量较差，银行自身经营管理粗放、贷款分类不实，造成信用风险较高。要积极设法化解存量的金融风险，做实资产分类，摸清风险底数，争取各方支持，多渠道压降呆坏账，轻装上阵。从根本上讲，还是要加强中小银行的公司治理制度建设，形成相互制约、有效的公司治理机制。

第三，夯实市场环境基础。持续优化营商环境，推进"放管服"改革。完善市场约束和惩戒机制，让各类社会主体在公平的市场环境下竞争。既要发挥国企在国民经济中的压舱石作用，也要发挥民企在创新创造上的积极性，让市场能够更好地发挥资源配置作用。其核心是加强信用环境建设，这也是金融服务的基础。要加大对逃废债等失信行为的打击力度，提高违约失信成本，让失信者受罚，让守信者获益。同时，加强金融人才队伍建设，优化金融人才资源配置，提高地方中小银行保险机构高层次、复合型和专业化人才占比。

（二）"四个机遇"

一是抓住数字化转型的机遇。东北地区在转变发展方式，优化产业结构方面任务非常艰巨，发展不平衡不充分问题在东北地区表现十分突出。在数字化条件下，东北传统的制造业低成本的比较优势逐步丧失，竞争力不强。东北地区拥有良好的装备制造业基础，加速智能化、现代化、信息化、绿色化转型升级，将带动装备技术升级的巨大需求。产业的数字化改造既是提高自身生产效率、加快科技创新的重要手段，也为金融支持找到了切入点。随着工业互联网的发展，产业链上下游企业客户的数字化程度也在提升，基于平台上下游的交易数据，能够更加准确地做好供应链金融服务，对接产业链各环节金融需求。

二是抓住绿色发展转型的机遇。良好的生态环境是东北地区经济发展宝贵的资源，也是新发展阶段振兴东北的一个优势。我国庄严提出了"双碳"目标，经济发展方式加速向绿色化、低碳化转变。在这样的大背景下，绿色金融在东北地区具有巨大的发展潜力。过去，有观点认为生态环境保护拖了发展的后腿。随着碳金融市场的发展，东北地区的森林、湿地资源为固碳储碳提供了支撑，未来碳汇的经济价值会越来越高。此外，ESG可持续投资理念兴起，过去依靠要素投资拉动低效发展的方式正在向绿色可持续发展的方向转变。在推动产业结构变革的过程中，绿色环保和低碳改造项目将激活更多资金需求。

三是抓住全面乡村振兴的机遇。东北地区是国家重要的粮食生产基地，也是美丽宜居乡村建设的重点。金融支持东北振兴，要优先解决农业农村发展不平衡不充分问题，补齐乡村振兴的短板。大力发展普惠金融，支持"三农"和小微企业发展。持续加大高标准农田建设领域信贷支持力度。围绕"产业龙头+基地"的全产业链，做好农业龙头企业的金融服务，探索特色化差异化的综合金融解决方案，支持乡村产业发展壮大，发展县域消费信贷，满足广大农民生产生活资金需要，助力农村消费升级。

四是抓住对外开放的机遇。东北处于东北亚地区中心地带，战略地位十分重要。受地缘政治、历史发展和意识形态等因素的影响，东北亚区域合作空间广阔。东北全面振兴、全方位振兴需要进一步提高开放水平，发挥向北开放的"桥头堡"特殊地位，推动多边经济合作，通过金融开放为涉外经济发展提供有力支撑，结合东北各地的产业特色和开放重点，丰富跨境金融的产品和服务。同时，在东北振兴过程中，对于党的十八大以来取得的巨大成就，要积极扩大宣传，让大家更了解东北，更愿意到东北地区去投资、创业。

谈谈东北金融再造问题

戴相龙
中国人民银行原行长

一、东北金融是中国现代金融体系下的一个地区金融

东北金融是中国现代金融体系下的一个地区金融，研究东北金融再造，一定要先研究中国现代金融的建设。到2035年要基本实现社会主义现代化，因此，要建设中国现代金融为其服务。习近平总书记在党的二十大报告中提出"深化金融体制改革，建设现代中央银行制度，加强和完善现代金融监管"。如果下一次召开全国金融工作会议，建议明确2035年前中国现代金融建设的指导思想、主要任务和重大政策。

中国现代金融是对为建设社会主义现代化服务并为到21世纪中叶建成强国金融打基础的中国金融制度的总称。从2021年到2035年，中国现代金融建设要突出下列五项任务。一是建设现代中央银行制度，保持人民币币值长期稳定，推进人民币国际化，广泛使用数字货币。二是建立现代金融服务体系，加快推进国有银行战略转型和综合经营，突出发展证券、保险业，把更多社会资金转化为企业资本金。三是扩大资本跨境流动，提高上海在国际金融中心的地位。四是加强和完善现代金融监管体系，守住

小发生全国系统性金融风险的底线。五是提高我国在国际金融治理中地位和作用。东北金融是中国现代金融中的一个地区级板块，东北金融再造要在中国现代金融建设大背景下进行，同时也要注意东北金融的特别需要。

二、东北金融界要坚定信念，更好地承担支持东北全面振兴的历史使命

东北金融系统 30 多万名职工，为东北振兴作出了很大贡献。现在，更要坚定信念，振奋精神，勇于承担服务东北全面振兴的历史使命。党中央、国务院实施区域发展战略以后，我国四大区域板块迅速发展。东部地区始终保持率先发展；中部地区与东部地区发展差距逐步缩小；西部地区实现较快发展；东北地区的面貌有很大改变，但与全国发展差距扩大。2021 年，东北地区经济总量占全国的比例下降到 4.9%，人口总量占全国的比例下降到 6.9%，人均地区生产总值占全国的比例下降到 70%。[①] 对此，我们要客观公正地评估。

一是看一个地区经济实力和贡献不能只看地区生产总值，东北在维护国家的国防安全、粮食安全、生态安全、能源安全、产业安全方面占据战略地位，这些贡献是很难用地区生产总值计算的。

二是在东北振兴中东北也有过较快发展。2004 年，全国人均 GDP 为 1 500 美元，东北人均 2 000 美元，到 2015 年达到 7 000 美元，10 年增长近 3 倍。

三是东北全面振兴已取得明显成效和阶段性成果。经济总量迈上了新

---

① 卞靖. 科学把握四大区域变化态势 推进协调发展取得更好进展 [J]. 宏观经济管理，2022 (11).

台阶，国有企业竞争力增强，重大装备研制走在全国前列。近几年来，东北有一系列重大科技产品落地转化。辽宁省碳化硅复合材料助力嫦娥五号登月，110兆瓦级重型燃气轮机总装下线。吉林省"吉林一号"高分03-1组卫星采取"一箭九星"的方式发射成功，高铁变轨等关键核心技术取得突破，时速400千米跨国联运高速列车正式下线。黑龙江省哈工大多项技术支持嫦娥五号月球采样返回，研制的小卫星升空达20颗。再经过若干年努力，东北地区经济增长速度和人均地区生产总值，有望达到全国平均水平，其中，辽宁省将超过全国平均水平。

三、东北金融要针对东北经济和社会紧迫需要，提升和创新金融服务水平

多年来，东北金融获得重大发展。信贷供给扩大、结构优化，多层次资本市场持续拓展，保险行业规模持续上升，改革创新成效明显，金融风险化解各项工作有序落实。但是，东北地区社会融资中直接融资，特别是股票融资比例过低，三省贷款不良率是苏浙粤的4.6倍，适当扩张货币信贷供应的政策在东北地区的效果较差。

为此，要推进新发展格局下的东北金融再造。我理解这次论坛提出的"东北金融再造"，不是对现在东北金融大破大立，而是在现有基础上提升和创新东北金融服务水平。东北金融再造，能取得什么效果，决定于中国现代金融建设步伐，不可能一区先行。但是，也决定于东北金融系统的努力奋斗。东北金融系统要从东北地区经济和社会发展客观实际出发，在服务东北全面振兴，支持东北经济高质量发展方面，在思想上要有突破，在金融服务上有明显的提升和创新。

第一，大型商业银行要逐步把金融服务重点转向大中企业，特别是大型企业集团，支持先进制造业的高端产品升级创新，巩固在全国的"标杆"地位，将其中许多产品提升到国际顶端水平。2004年以来，党中央、国务院多次下文支持东北全面振兴，一直明确要支持东北先进制造业的发展。要求做优做强电力设备、石油和冶金设备、重型矿山和工程机械、先进轨道装备、新型农机装备、海洋工程装备、航空航天装备及高技术船舶等先进装备制造业。同时，要积极培育新兴产业和业态。这些都是东北振兴的希望所在。推进东北制造业技术升级和创新，要落实在"标杆企业"和"标杆产品"上。市场对社会资源配置起决定作用，但是也要发挥政府的作用，这在东北地区尤为重要。我们建议由国家发改委牵头，国务院有关部门和东北三省政府参加，用2年时间研究编制《东北振兴百户企业投资发展规划》，选择100户左右的"标杆"和"准标杆"企业，累计投资（包括资本融资和债务融资）约1万亿元，用5年左右时间，把现在东北工业制造业中的"准标杆"产品提升为全国"标杆"产品，把现在已为全国的"标杆"产品的一部分提升为全球"标杆"产品。建议东北三省大型银行的分行，积极参与上列投资发展计划的研究和测算，会同有关部门对每户企业投资发展"标杆"产品和融资渠道、方式、数量进行论证。在总行的大力支持下，大型商业银行和其他大型金融机构，要全力支持东北百户"标杆企业"的产品技术升级和创新。

第二，规范发展中小银行，优先做好对所在区域的金融服务，促进县域经济发展。这些银行包括全国股份制银行在东北三省的分行、三省地方银行、城市商业银行和农村商业银行。为了巩固本地客户，防范域外经营风险，不主张这些银行到域外扩展业务，特别是到省外发放贷款，应当吸取过去的教训。随着这类银行业务规模扩大，所需资本金越来越多，要对吸收市（县）以外商业金融资本有所控制，增加向所在地城乡居民吸收股本，这样做更有利于当地银行与当地农民、农村经济组织建立紧密的利益关系。鉴于城乡居民投资入股户多量小的特点，要研究和制定农民和农村经济组织向城市和农村商业银行投资入股的法规。

第三，发展非银行金融机构，加强对城乡居民财富管理的服务，增加企业资本金。2021年年末，东北地区的住户储蓄存款余额为89 993亿元，同比增长10.6%，与全国同期增幅持平。要加强证券业，培养更多上市公司。我相信在实施百户企业产品升级创新后，会有更好更大的企业上市融资。发展东北产权交易市场，支持企业集团兼并同类中小企业，延长企业集团产业链。积极发展各类资产托管业务，增加企业集团的财务公司。争取全国社会保障基金和保险集团所属资产管理公司到东北投资"标杆"企业。

第四，深化农村金融体制改革，支持新型合作经济，促进东北农业提高整体效益。新时代的中国农村金融，仍应由商业性、合作性和政策性金融机构组成，银行业服务基本模式是"双层农村商业银行+新型农村合作金融"。现在报刊上宣传的由农村商业银行、农村合作银行、农信社组成的农村"信合"系统，只是一个过渡形式，最终将发展为众多的市、县农村商业银行和以市、县农村商业银行为主组建的不同形式的省农村商业银行。同时，按中共中央10多年来"一号文"提出的要求，总结新型农村合作金融试点工作，发展社区的农民专业合作社内部资金互助业务。

东北第一产业比较发达，但整体效益较低。2020年，全国第三产业占GDP的比重为7.3%，东北三省占14%。2021年东北粮食产量占全国比例升到21.2%，粮食调出量占全国1/3，但是粮食生产效益低。畜牧业虽然不断发展，但其产品主要调出区外加工。2021年1—8月，吉林省梨树县肉牛出栏 13.5 万头，调出外省加工占 96%；生猪出栏 135 万头，调出外省加工占 80%，农民仅得到生产环节的收益，大量加工和销售环节利润被社会商业资本占有。

建议东北三省党政部门规划和发展生产、供销和信用合作"三位一体"的新型农村合作经济，把供销和信用合作形成的收益返还农民。同时促进生产要素向新城镇集中，促进城乡经济一体化发展。

农业银行、农村商业银行和新型农村合作金融组织，要把服务重点转向支持新型合作经济发展。重点支持新农业生产经营主体，扶持农民专业合作社、农产品加工合作社的发展，降低农业生产经营成本，提高生产经营规模，支持建立以农民增收为中心的新型农产品生产、加工和销售管理体制。

2016 年中央发布《国务院关于深入推进实施新一轮东北振兴战略 加快推动东北地区经济企稳向好 若干重要举措的意见》（国发〔2016〕62 号），提出加快"吉林省农村金融综合改革试验"。建议有关省对过去的农村金融体制改革进行总结，落实历年中央"一号文"的要求，推动新型农村合作金融发展。

第五，更好地发挥政策性金融机构在东北全面振兴中的作用。扩大东北地区与俄罗斯、蒙古国、朝鲜的互联互通，扩大与周边国家之间的投资和贸易。

以高水平开放推动
东北全面振兴

夏德仁
全国政协委员

一、对外开放是我国区域经济发展的强大动力

改革开放40多年来的实践证明，对外开放是一股强大的动力，推动了国内各区域发展。20世纪80年代深圳的开放带动了珠江三角洲的发展，90年代浦东的开发开放带动了长江三角洲的发展。进入新世纪后，东北振兴、西部大开发、中部崛起，各区域发展无不借助中国加入WTO、加快参与全球化步伐所产生的对外开放的能量，取得了令人瞩目的成就。这背后的逻辑是，在中国从计划经济向社会主义市场经济转型过程中，对外开放提供了一股外部的力量，打通了国内经济与世界经济的通道，连接了国内市场和国际市场，提供了不同类型市场经济模式的参考系，助推了国内市场机制的发展，同时使国内循环与国际循环相互融合，使中国能够充分利用两个市场、两种资源，后发性优势得以充分体现。现在我们国家已成为世界第二大经济体、第一大贸易国、最大的外汇储备国，这些经济成就的取得，是与我们坚定不移坚持对外开放的基本国策分不开的。

当前世界正经历百年未有之大变局，国际形势纷繁复杂，经济全球化

面临严峻挑战，我国在实现社会主义现代化过程中的外部条件发生了深刻变化。但是我认为，过去十几年经济全球化所形成的世界各国经济纽带并没有断裂，国家间产业合作和资本技术流动的内在需求并未消失，全球化大趋势很难逆转，所以坚持新的发展格局，必须在做好我们国内自己事情的同时，把国际循环与国内循环更紧密地结合起来，继续坚持扩大对外开放，以高水平开放推动高质量发展。最近我们看到，在疫情防控政策调整后，东南沿线的一些省市，马上组织经贸代表团出国展开招商引资和争取出口订单，这件事一方面说明对外开放的重要性，另一方面也说明一些地方政府在驾驭经济工作时的战略眼光。对此，东北地区的相关部门应当有一种紧迫感。

二、东北振兴新突破的重点是高水平开放

党的二十大报告提出，"推动东北全面振兴取得新突破"，这是一个具有全局意义的重大战略任务。而新突破的重点之一应当是高水平对外开放。为什么这么说？

首先应当看到，东北老工业基地振兴战略是我们国家启动比较早的一个区域发展战略，到2023年已经是20年了，从发展态势上看，东北地区在各大区域板块中，目前还是落在后面的。究其原因有很多，其中一个重要原因是东北地区长期形成的经济封闭性和僵化性没有得到根本性扭转，在先进地区已经在享受对外开放红利的时候，东北地区仍存在对外开放度不够的短板。前一段时间我陆续到东北三省进行调研，在调研中，我接触到不少工商界人士，总体感觉到，一些企业家思想观念仍然比较封闭，缺乏国际视野、市场意识和法治观念，这与没有系统经历过国际市场竞争的

洗礼有很大关系。东北地区的大部分市场主体距离国际市场比较遥远，面对国内市场竞争又可以借助一些非经济因素取得存在感，所以通过加大对外开放力度，打通国际市场与国内市场的通道，把市场主体逼到真正的市场竞争机制中，是东北振兴过程中必须补齐的一个短板。另外长期困扰东北振兴发展的营商环境问题，也必须靠对外开放这一外力，倒逼行政管理体制改革，重塑有利于吸引先进生产要素进入的体制机制，打造经得起竞争检验的国际化、市场化、法治化的营商环境。

三、东北地区面临对外开放的新机遇

东北地区地处东北亚区域重要的位置上，向东与朝鲜半岛接壤，与日本隔海相望，向北与俄罗斯、蒙古国接壤。东北三省历史上就与东北亚各国有着千丝万缕的联系，19世纪末，俄国就把大连作为它在太平洋地区的一个出海口，在大连建港建市，在哈尔滨还能够看到俄国人留下的许多建筑。日俄战争后，日本又将东北作为它向东亚拓展实力的重要基地，沈阳、长春和大连都留有日本基础设施的印记。改革开放以来，日本、韩国在东北各大城市都做了大量投资，成为东北特别是辽宁最重要的贸易投资合作伙伴，从中可以看出中国东北地区在东北亚区域中的战略地位。

我认为当前东北地区面临对外开放新机遇，这是因为目前在经济全球化总体受阻的严峻形势下，加强东北亚区域合作将成为我国对外开放的战略重点。东北亚目前是全球发展潜力较大的区域，人口占全球人口的23%，经济总量占全球总量的27%，贸易总量占全球总量的29%，近几年在世界经济成长过程中一直保持比较领先的地位。加强与东北亚国家合作，并通过东北亚经济走廊进一步密切与欧洲国家的经贸合作，将对冲中美贸易摩擦带来的负面影响，形成更加多元化的对外开放格局。在这种背景下，东北地区在对外开放方面面临更多机遇，必然成为我国新形势下对外开放新前沿。

东北地区有着较为完善的工业体系，与东北亚各国和欧洲国家在资源、技术、人才、产业等各个方面有着巨大的合作空间。前不久我在东北三省调研过程中发现，日本、韩国、德国的企业对东北地区有浓厚的兴趣，日韩企业在大连、德国宝马在沈阳、德国大众在长春布局了重大项目。俄罗斯与东北三省的能源合作，除了石油天然气外，还有核电技术。这说明东北地区新一轮对外开放具备很好的条件。

四、打造东北亚对外开放新前沿的主要举措

如何落实中央提出的东北要成为对外开放新前沿的要求，我觉得主要应采取如下措施：

第一，以RCEP为契机深化对日韩合作。日韩是我们合作的老客户，改革开放以后，日本、韩国在东北各大城市都做了大量投资，具有很好的合作基础。尽管中日韩合作还存在一些障碍，但是RCEP的签订，为中日韩全面合作提供了一个体制框架，以此为契机，东北地区应争取成为与日韩全面合作的先导区。

第二，加强对俄蒙合作。对俄除边境贸易合作外，能源合作对我国能源安全有着十分重要的意义，在核电、石油、天然气方面合作潜力很大。在上合会议上，中蒙俄达成了天然气管道建设的协议，这对加强东北地区与俄蒙合作将起到推动作用。

第三，加强与德国的产业合作。德国一直看好中国东北地区的产业基

础。德国宝马在沈阳已经建成了世界上最大的工厂，德国大众也在长春、大连有重要的投资。应进一步拓展和深化与德国的合作，以使东北制造业借助德国"工业4.0"得到进一步改造和提升。

第四，畅通陆海贸易大通道。辽宁海铁联运潜力很大，"辽满欧""辽蒙欧"，是国家"一带一路"的东线；还有一条是冰上丝绸之路，即"北极航线"，这条航线从大连港通过白令海峡到达欧洲，比传统航线要节省20天时间。

第五，打造东北亚经济走廊。以哈长沈大4个副省级城市为依托打造东北亚经济走廊，这4个城市将来都应该通过全面对外开放建设成为东北亚重要的国际性城市，特别是大连应当按照中央的要求，建设成为东北亚主要的航运中心、物流中心、贸易中心和金融中心。

第六，通过制度型开放打造国际化、市场化、法治化营商环境。党的二十大报告提出"制度型开放"，这对东北地区高水平对外开放具有重大指导意义，通过规则、规制、管理、标准等制度型开放，逐步与国际接轨，构建与高标准国际经贸规则相衔接的国内规则和制度体系，倒逼行政管理体制改革，彻底解决东北地区的营商环境问题。

深化改革，扩大开放是我国经济可持续高质量发展的持久动力

李子彬
中国中小企业协会会长

　　高质量发展是全面建设社会主义现代化国家的首要任务，中国特色社会主义发展进入了新时代。当前，世界百年未有之大变局与世界地缘政治冲突互相交织。美国拉拢一些国家联手对中国高科技领域进行脱钩，拉帮结伙，筑小院高墙，妄图在产业链供应链上对中国进行围堵。加上新冠疫情3年的反反复复，以及我国经济几十年快速发展积累下的结构性问题需要逐步化解，我国经济可持续高质量发展面临艰巨而繁重的任务。

　　中共中央政治局在2022年12月6日召开的会议上发出的突出信号是经济稳增长为重。稳增长，稳就业，稳物价，统筹发展与安全。提出2023年经济增速目标达5%或以上。为此要着力扩大内需，充分发挥消费的基础作用和投资的关键作用。财政政策要加力提效，2023年度财政赤字率预计为3%或以上。结构性货币政策继续发挥作用，总量宽松仍有一定空间。并提出要大力提振市场信心。

　　我个人认为，提振信心，实现经济可持续高质量发展，关键还是深化改革，推进高水平对外开放，牢牢把握扩大内需这个战略基点，发挥消费对经济发展的基础性作用，这只有通过深化改革才能实现。多年以来，居民收入在国民收入分配中的比重没有明显提高，劳动报酬在初次分配中的

比重没有明显提高，社会保障体系尚不完善。受新冠疫情的3年冲击，有6成中小企业开工率不足75%，停产和注销的民营中小企业达数百万户，失业人员大幅增加。公务员多年没涨工资，有的国企员工也多年没涨工资。在这种情况下，如何能扩大消费？如何发挥消费在经济增长中的基础性作用？

我个人认为当务之急，一是尽快恢复企业特别是民营中小企业的生产经营活动，扩大社会就业，解决失业人员的吃饭问题。二是解决2亿多农村人口进城20年的身份认定问题，准予其在工作与生活的城市落户。这些人口获得城市户口后，会产生巨大的刚性消费需求，可以带动几十个产业的大发展。

推进高水平对外开放格局，是实现我国经济持续高质量发展的另一个持久动力。依托我国超大规模市场优势，从国内大循环吸引全球资源要素，增强国内国际两个市场两种资源的联动效应，RCEP是全球最大的区域性经济合作组织，区域内人口约占世界人口的30%，区域内贸易量约占全球贸易总额的30%。本着互相尊重，互利共赢的原则加强合作，逐步扩大规则、规制、管理、标准等制度型开放，推动货物贸易优化升级，创新服务贸易发展机制，打造亚太地区命运共同体，促进构建人类命运共同体。

以高水平开放推动
高质量发展

江小涓
十三届全国人大常务委员会委员、
中国社会科学院大学教授、博士生导师

高水平开放推动高质量发展是党的二十大报告聚焦的主题之一。报告提出高质量发展是全面建设社会主义现代化国家的首要任务，发展是党执政兴国的第一要务，并在报告中占据一个章节，共包含五个部分的内容。第五部分就是推动高水平对外开放，要求依托我国超大规模市场优势，以国内大循环吸引全球资源要素，增强国内国际两个市场两种资源联动效应，提升贸易投资合作质量和水平。稳步扩大规则、规制、管理、标准等制度型的开放。最早在党的十九届四中全会中就提出制度型开放，最近的中央文件也在持续强调这个问题，这一点确实是非常重要的。

2022年中央经济工作会议有几个和往年相比非常突出的特点，其中开放是重点之一。在不长的公报中，关于高水平开放和双循环问题共提到了五处：推动高水平开放、以高效地提高外循环水平和高质量推动双循环畅通、以出口支撑经济增长、进口设备技术和资源性产品以促进国内循环的畅通、更大力度吸引和利用外资。外资是特别重要的一部分，概括来讲有三层含义：一是要放开准入，即平等进入，包括政府采购，这是原先我们卡得比较紧的，都明确讲要放开准入；二是要讲公平竞争，内资企业和外资企业要公平竞争；三是知识产权和其他各种权益的法律保护。

结合党的二十大报告和中央经济工作会议的要求，分享以下三点内容：

一、国内大循环畅通需要继续利用两种资源两个市场

虽然我国是超大规模经济体，我国拥有最齐全的产业体系、全世界最大规模的消费者群体和最大规模的中等收入者群体，但这些都不能够成为不要继续利用两个资源和两个市场的理由。其实大规模经济体需要的双循环对海外循环的要求很可能是更迫切的。

例如，人口规模巨大的现代化是中国式现代化的第一条，有两个基本含义。首先是超大规模经济体有优势，无论是市场、人口，还是未来增长潜力、人力资本等都特别有优势；其次是超大规模的经济体如果国内资源环境条件有约束，就要应对资源环境的挑战。这两条都需要畅通的外循环。比如与占世界人口总量的比重相比，我国各种资源量是比较短缺的，特别是土地、淡水、油气资源的世界占比都是比较低的。与我国大幅提高居民收入的需求相比，与能源消费需求快速增长的现实相比，与大规模经济体的总量结构相比，我们的资源显得特别紧缺。当然，我们要有很多的应对措施，要加大国内资源开发力度，要加大国内优势资源的利用力度，比如我国煤炭相对于石油更丰富一些，所以应尽可能发挥煤炭资源优势，把清洁煤利用变成电，此外发展更多电驱动的动力，使风能、太阳能、生物质能等能源利用多元化。但是一些资源调整是比较困难的，土地资源、水资源的量是既定的，GDP还会继续增长，因此，我国的能源资源禀赋与需求的匹配性是不高的。在节约使用、更多地开发国内资源和替代资源、更多地生产土地和淡水节约型产品的同时，必要的外部资源补充是不

可或缺的。改革开放以来，我国石油进口量不断上升，当石油对外依存度超过50%时，是比较让我们警惕的，为此我们做了很多努力。但是随着我国石油需求量的快速增长，国内其他努力的速度没有跟上，因此石油对外依存度是持续上升的。一定要理解，这就是中国的国情。人口规模巨大的现代化有很多优势，但资源能源禀赋条件不可能随着经济的增长而增长，它的约束会特别紧，而且会越来越紧。

美国核聚变确实是一个非常重要的变化，当然普遍的商用还有比较长的时间，新的前景会出现，但是在10~20年的时间里，重要的资源约束将会持续存在，所以我们需要一个良好的国际环境。

正如习近平总书记在阐述中国式现代化时所讲，我国14亿多人口整体迈进现代化社会，规模超过现有发达国家人口的总和，艰巨性和复杂性前所未有，发展途径和推进方式也必然具有自己的特点。总的来讲，如果外部供给足够丰富，那么就不需要花很大的投入、以很高的成本来匹配国内较少的资源，来促进经济的增长。

对于大规模经济体而言，也不是每个赛道只有国内市场就足够了。举两个例子，一个是电动汽车产业，这是匹配我国"煤多油少"的国情、用多种能源转化成电池能源的一个产业，经过市场和政府"两只手"十几年的努力，现在电动汽车产业真的是"赛道超车"。2021年，电动汽车产量占全球的比重是50%，2022年前三季度大概要超过55%，比重非常高。全球市场环境并不是很好，因为我们成了别人很强有力的竞争对手，所以竞争不过的经济体，一定会想办法阻碍全球电动车的自由贸易，会找各种理由来阻碍我们的出口，所以我们非常需要全球市场。

另一个是光伏产业，也是这些年根据我国的能源结构快速发展的一个新能源产业。我们在四大类产品——电池、单晶硅、风机、光伏组件方面都有非常强的市场竞争力,光伏组件占全球总产量的比重接近80%。我们形成的巨大的国内产能是需要全球市场的,我国出口占全球的比重也非常高,肯定对其他国家的产业形成了很大的竞争压力。我国的经济体量比较大,企业规模也比较大,很多产品的质量品质、综合竞争力是非常强的,所以我们非常需要全球市场和全球资源。在新赛道,国内市场的成长需要时间,但是大批量生产和国内比较紧张的竞争态势,对产业成长是非常有好处的。这样我们对国际市场的需求还是存在的。

因此,不是我国成了超大规模经济体、产业体系最完整,我们就可以将外循环放在一个比较次要、比较轻的地位上。从提出双循环之后,中央重要的报告中对外循环的规模和水平、内外循环的相互促进、以高水平的外循环促进国内大循环的畅通和提高效率方面,都是反复强调的。

二、国际环境有挑战也有机遇,要以更大努力抓住机遇

国际环境有挑战,也有机遇。碰到机遇时,我们要想清楚;碰到挑战时,我们必须面对,必须迎难而上,不要被国际环境中一些点上的问题和突发的问题吓着了、往后退,这是不对的。开放是我国的内在需求,所以越是面对困难,越要有信心,要以更大的努力抓住这个机遇。

我们既可以看到很多自然挑战,如疫情中的旅行阻滞、产业链紊乱、旅行价格高企等,也可以看到有人为的挑战,如有些国家和经济体根据自己的经济和更多的战略考虑,非常不合理地挑战现有的国际经济秩序,特别是以中国经济战略为重点进行打压。但是,这些都是点上的情况。

面上的情况,推动全球化的基本力量并没有改变,因为它是一个分工明确的国际贸易体系。与2019年相比,2021年的全球货物贸易增速约是

GDP增速的2倍，中国差不多是1倍，美国是0.5倍。

看全球，主要看两个大国——中国和美国。中国和美国的国际贸易都是引领全球经济复苏的重要力量。中美贸易也屡创新高，中国和美国贸易摩擦期间，中国对外贸易的比重是上升的，中国和美国的贸易占美国对外贸易的比重，3年期间每年都是上升的。因此，全球化的推动力量是非常强大的，基本面没有变。

疫情期间，面对那么多阻力，为什么服务贸易还会高速增长？是因为新的动力源涌现，即数字技术的加入。在数字技术条件下，网络空间的交易成本是很低的，远距离已经不再是服务贸易的决定性因素。对商品贸易来讲，跨境电商带来极高效率的C端，即国际贸易零售，这在以前是不能想象的。

在数字平台上，数字技术海量匹配双方的能力，使得国际贸易成为可能。数字化的物流高效率、小包裹国际物流的低成本，这些因素凑在一起，不仅使服务贸易和数字贸易快速增长，也使货物贸易快速增长。相比于传统企业的增长明显放缓，数字企业增长非常快。数字企业丝毫不受疫情影响，而且盈利是在上升的，无论是海外销售比重和资产比重，还是全球的盈利水平都在快速上升。因此，在传统模式的全球化受到一定障碍的同时，数字技术表现出了非常强的推动力。

三、以制度型开放促进双循环畅通

过去40多年的开放，从开放4个特区，然后是8个特区，到14个特区，再到开放整个沿海地区，再开发西部、振兴东北，是一个逐渐根据国内体制的改进、机制的开放，渐进式的政策主导的开放。经过了40多年，无论是国内产业的升级，还是综合各种生产要素匹配的能力以及体制环境，都已经形成了一个比较稳定的制度型开放的条件。所以，规则、规制、制度、管理、标准和实业化的政策衔接，一定是相对稳定运行的，对于制度型开放来说是一个稳定、可预期的开放体制，这对加强内外市场主体对在中国市场长期发展的信心是非常重要的。制度型开放就是要形成一个稳定、透明、可预期的开放体制。

这个体制会使市场在跨境资源配置中发挥更加重要的作用。在以前的政策型开放体制下，由于有出口补贴、进口管制和不同的开放区域，哪些行业可以更多地出口、哪些行业可以更多地引进设备、哪些地区可以更多引进外资，政策在资源配置中发挥重要的作用。在制度型开放的体制下，将会形成一个稳定、透明、可预期的环境，市场一定会在资源配置上发挥更加重要的作用。我把它命名为政策中性的开放体制。以前很多年我们是加大进口、限制出口的，这和国内产业状况有关。现在我们通过进口引进资源和设备技术，通过出口带动非常有竞争力的产业发展，很难讲哪一个更重要。在一个稳定的制度环境下，让市场来配置资源的进出口、产品的进出口。

以前吸引外资，是因为国内外资太短缺、技术太落后，引进外资和技术是国内发展的需要。现在国内很多产业在国际上是一流的，对外投资比重很高，这是进入海外市场的方式，以投资带动出口、带动当地的市场。与吸引外资相比，我们投资出去，扩展基础设施保障，其实是同样重要的。所以，不要过多地对吸引外资技术和对外投资进行限制或奖励。

对于外资和内资哪个更受到政策优待，多少年来一直说不清楚，外资说内资有优惠，内资说外资有超额补贴。这个账要看怎么算，双方各执一词。《外商投资法》修订以后，规定既不要低于国民待遇，也不能超过国民待遇。中央经济工作会议提出，要主动对标规则、规制、管理、标准等国际标准，推动国内体制改革。

制度型开放也是以中国的新发展为世界提供新机遇的必然要求。"以中国新发展为世界提供新机遇"是习近平总书记在党的二十大报告中的原话，说这句话是要有底气的，表明我国在世界经济中具有一定的重要性。以前我们是说不了这个话的，现在我们成为大国以后，就是要为国际社会提供良好的国际环境，这是一个公共产品，我们也有了自信和责任。

中国现在已经有能力以中国的新发展为世界提供新机遇，我们很多重要指标占全球的比重都达到了10%~20%，很多新兴指标达到了1/3以上。人民币特别提款权的占比达到了12.3%，货物贸易全球占比13.11%，GDP全球占比17.3%，对外直接投资全球占比20.2%，固定资产投资全球占比28.4%，制造业全球占比28.6%。这些传统的指标我们已经占比很高了，在新型指标占比中，算力占全球31%；灯塔工厂，即工业4.0时代的智能化示范工厂，全球占比已经超过了1/3；5G基站全球占比60%，5G接入人数全球占比65%。所以，到了这样一个水平，真的是可以以我们的新发展为世界提供新机遇。中国的发展有了非常强的全球外部性，在一定程度上中国是全球环境的塑造者：中国经济不好，进口下降，对那些出口国来讲就是外部环境的恶化即国际需求减弱；中国的出口减少，对进口国来讲，就是物美价廉的进口商品减少，或者从中国出口的零部件短缺，可能导致产业链供应链出问题。

总的来讲，我国现在是国际环境塑造者之一，不仅仅是被动的接受者，这个调整特别重要。我们不能只抱怨国际上怎么样，我们要主动和其他国家一起塑造一个良好的外部环境。

我国以制度型开放表明坚定推动贸易和投资自由化、便利化是长期之策，坚定地向全世界讲出中国的新发展是世界各国发展的新机遇。从这个要求上来讲，形成制度型的开放，即稳定、透明、可预期的外贸环境是非常重要的一点。

我的基本结论就是国内大循环畅通需要两种资源、两个市场，推动两个循环相互促进，是实现高质量发展的内在要求，也是建设现代化国家的必由之路。

"双碳"目标下东北产业调整的方向

韩永文
东北财经大学东北亚经济研究院
专家与学术委员会主任、中国国际
经济交流中心副理事长、国务院
参事室特约研究员

党的二十大报告提出，"推动经济社会发展绿色化、低碳化是实现高质量发展的关键环节"，要"统筹产业结构调整、污染治理、生态保护、应对气候变化，协同推进降碳、减污、扩绿、增长，推进生态优先、节约集约、绿色低碳发展"。这是我国推动经济转型实现高质量发展的基本路径。作为中国最早的重化工业、资源性产业和制造业集聚区，东北应该积极抓住"双碳"目标带来的新的发展机遇，加强结构调整升级，释放传统优势产业比较优势，培育新经济动能，构建具有竞争力的新产业体系，为东北振兴战略全面实施落地提供重要支撑。

一、东北地区产业结构的特征

东北振兴经历"黄金十年"高速发展之后，在发展中遇到了一些新的困难，经济增速出现较大下滑，较长时期低于全国平均增速。2016年以来，东北地区三次产业增加值占全国三次产业增加值总额的比重从5.72%

下降至 2021 年的 4.87%；三次产业增加值占全国的比重呈持续下降的趋势，其中二、三产业跌幅明显大于第一产业。统计数据显示，与全国平均水平相比，东北的第一产业比重明显偏高，第二产业比重偏低，产业结构性矛盾较为明显。

（一）第一产业比重偏高且升高趋势明显

从东北地区三次产业增加值占全国的比重看，第一产业占比最高，2021 年为 9.0%，第二产业占比最低，为 4.4%，第三产业占比为 4.7%。第一产业占比明显高于第二、三产业占比。从区域内的产业结构来看，东北地区第二、三产业发展不足，第一产业占比偏高。其中，黑龙江省的三次产业增加值结构为 1∶1.15∶2.15，与东北地区和全国的 1∶2.62∶3.82 和 1∶5.43∶7.34 相比，其第一产业比重明显偏高。东北地区三次产业增加值结构变化的态势是，第一产业增加值占全国第一产业增加值的比重下降幅度小于第二、三产业。2016 年为 1∶2.70∶3.76，2021 年为 1∶2.62∶3.82，第一产业增加值的全国占比和第三产业增加值的全国占比呈升高的趋势，其中第一产业的占比上升了 0.2 个百分点，第二产业的占比下降了 0.8 个百分点，第三产业的占比上升了 0.6 个百分点。这一方面说明农业和农业资源在东北具有明显的比较优势，但另一方面也说明近些年东北地区工业化发展步伐慢于全国平均水平。

（二）第二产业以传统重工业为主，隐现工业化不足的倾向

作为中国主要的老工业基地，东北地区传统重化工工业比重高，主要是石油、焦炭、化工、水泥、平板玻璃、钢铁、机械制造等，集成电路等新兴产业发展不足。其中，黑龙江省在油气生产方面具有一定资源优势；吉林省在汽车、铁路车辆制造方面具有较大优势；辽宁省在焦炭、水泥、平板玻璃、钢铁、机床制造、集成电路生产等方面具有一定的比较优势。

从各省三次产业的增加值比例来看，2021年辽吉黑分别为1∶4.42∶5.79、1∶3.07∶4.45、1∶1.15∶2.15，与全国的1∶5.43∶7.34相比，东北地区第二产业比值明显低于全国平均水平，说明东北地区的现代工业化进程与全国平均水平相比有所放慢。

（三）第三产业发展相对滞后，产业结构"被动高度化"

东北地区的第三产业发展与全国平均水平相比相对滞后。第三产业增加值占全国第三产业增加值的比重，由2016年的5.5%降至2021年的4.7%。三次产业增加值结构由2016年的1∶2.70∶3.76变为2021年的1∶2.62∶3.82，第二产业增加值比重下降了0.8个百分点，第三产业增加值比重上升了0.6个百分点。从统计数据来看，东北地区第二产业比重下降强化了第三产业在经济结构中的构成，但东北地区的第三产业又存在总体发展相对滞后、生活性服务业品质不高、生产性服务业发展不足等问题，因而产业结构有"被动高度化"的倾向。

二、"双碳"目标下东北地区产业调整面临的挑战

东北地区资源型城市较多，由于资源枯竭、转型滞后，产业再造能力不强，传统重工业发展的比较优势正在消失，而由于投入和创新不足，低碳经济等新兴产业发展相对滞后，产业调整面临较大挑战。

（一）资源型地区产业结构转型调整困难较大

东北地区有37个地级市（区）为资源型城市，且许多城市已经面临资源枯竭的困境。在国家确定的69个资源枯竭型城市（县、区）中，东北地区有24个，约占全国的35%。这些资源型地区的产业结构比较单一，多以煤炭、油气为主导产业，产业链短，且主要以国企为主，企业发展欠

账多、环境污染重，产业设备更新换代成本巨大。随着资源枯竭或逐渐枯竭，城市发展不可持续性压力大增。在"双碳"目标融入国家生态文明制度体系建设的背景下，城市一方面要处理废弃矿井、油井，恢复破坏严重的生态环境，降低碳排放，减少污染排放；另一方面要发展资源承续性强的产业来推动转型发展，这两方面都面临着巨大的困难和挑战。

（二）能源结构和产业结构调整压力较大

东北地区的能源结构以煤炭为主导的化石能源为主，而产业结构则是以传统重化工业为主导的结构，耗能高、碳排放强度高。2019年东北地区的碳排放强度为0.0203万吨/亿元，高出全国0.0106万吨/亿元的平均水平近1倍。分省来看，辽宁省、吉林省、黑龙江省的二氧化碳排放量分别为533.4万吨、203.7万吨、278.2万吨，排放强度分别为0.0215万吨/亿元、0.0174万吨/亿元、0.0205万吨/亿元，高出全国平均水平很多。"双碳"目标下，东北地区需要通过调整能源结构生产来降低碳排放，有序推进对煤炭等化石能源进行替代。但可再生能源发展不足且供给不稳定，在保障能源安全的基础上促进能源结构调整具有较大的挑战。此外，东北地区需要通过产业结构调整来降低碳排放，必须对传统重工业进行低碳改造，在经济发展和投资能力不足的约束下，减污降碳改造将承受巨大的成本压力。加上南方和东南沿海活力较强地区的竞争优势，东北地区传统重工业持续发展也面临很大挑战。

（三）低碳产业发展基础薄弱

实施"双碳"目标战略将会推动东北地区必须加快低碳能源产业发展、加快推进制造业节能绿色低碳改造，但面临不少困难和挑战。一方面，与资源禀赋相比，东北风电、光伏、生物质能等低碳能源产业发展相对缓慢。尽管在"十三五"期间东北地区绿色能源出现了大规模高速增长，但与负荷中心不匹配，再加上资源供给不稳定，缺乏与煤电配合形成有效的协调运行机制等，导致出现限电、弃风弃光等问题，不利于低碳产业发展。另一方面，节能、绿色、低碳技术在高污染、高能耗、高排放的传统重化工业中应用还相对较少，且创新投入不足，使得传统产业的节能、绿色、低碳转型进程难以有效推进。

三、"双碳"目标下东北地区产业结构调整的机遇

挑战即是机遇，应该在应对挑战中积极寻找机遇、抓住机遇。"双碳"目标作为国家的中长期战略，其实施过程中将会给产业升级、产业结构调整带来一系列节能、降碳改造、低碳产业布局、产业区域协调优化等发展机遇。东北地区应主动抓住这些机遇积极推进产业结构调整和产业升级。

（一）传统工业节能降碳升级改造潜力大

东北地区作为中国最典型的老工业基地，传统重化工业"高污染、高能耗、高排放"的增长模式仍未得到有效改变，工业污染治理投资不足，且处于全国中下等水平。"双碳"目标战略下，东北地区传统工业亟须抓住节能降碳升级改造的产业调整机遇，深化供给侧和需求侧结构性改革，积极开发、运用新的节能、绿色、低碳技术，加快实施对传统工业的节能、减污、降碳、提效改造，淘汰无效、过剩产能，释放传统工业的比较优势。一是要加快对焦炭、原油、天然气、电力等能源工业实施节能清洁低碳改造升级。一方面要有效推进能源生产绿色化、低碳化、数字化转型；另一方面要加快实施控制化石能源消费，协调推进可再生能源对传统能源生产与消费替代的发展，建设以新能源为主体、清洁化石能源兜底的

新型能源生产系统以及生产与消费合理匹配的消纳系统。二是要加快推进对化工、钢铁、汽车、建材、装备制造等传统主导产业进行节能、减污、低碳和循环经济的改造升级。一方面要促进能源消费清洁低碳化替代，另一方面要促进工业工艺节能清洁低碳改造升级，同时要围绕全产业链实施循环利用改造，积极发展循环经济。三是要以具有比较优势的传统工业为基础产业，布局具有产业链上下游关联性强的战略性新兴产业，延长现有产业的产业链条，重塑东北产业发展优势。

（二）巨大的碳汇容量为新增产业布局提供较大的发展空间

东北地区森林面积广，农业资源和水资源丰富，拥有大量的滨海湿地和河流湿地，形成了较强的生态碳汇优势。在碳排放总量和碳排放强度"双控"政策下，其较为丰富的碳汇容量，可以为新增产业布局提供较为宽松的碳排放约束，有利于促进新兴产业在东北地区进行布局。一是可以通过强化东北地区湿地生态系统建设，提升其生态固碳能力，为有利于产业体系建设和产业结构调整升级的企业在东北地区布局、落地提供充足的碳排放配额。二是可以有效利用其森林等碳汇资源，积极参与碳汇市场交易，实现碳汇价值化，再将形成的收益用于技术创新、产业转型、结构升级的投入。三是可以依托农业大省的资源优势，积极探索有机农业、循环农业、低碳农业等发展新模式，发挥农业的固碳能力。在提高农产品质量、提升农业效率、延长农产品资源深加工的同时，积聚全国的科技力量，创新发展生物技术和生物工程，既固本农业发展、提高固碳能力，又降低农业产业比重、优化产业结构。四是可以充分利用东北地区科研院所的创新力量，在节能、绿色、低碳技术方面进行攻坚克难，助推本地产业转型升级，并培育低碳经济新动能。五是东北地区的金融机构要积极对接"双碳"目标战略，为传统产业节能绿色低碳转型和新兴绿色低碳产业布局提供合理、有效有力和优惠的金融支持。

（三）产业链区域协调布局调整释放增长新动能

东北地区的传统产业存在着同质性竞争的问题，均以油气、重化工、钢铁等传统重工业为主导。黑龙江省拥有全国领先的森林资源，而工业体量较小。在"双碳"目标下，其充足的碳汇容量可以在东北地区内部通过统筹协调进行合理配置，为东北地区产业链区域协调布局和区域性产业分工合作提供一个有效抓手，这也将是东北地区培育增长新动能的一大机遇。一是在统筹协调碳汇容量的基础上，促进产业链在东北地区内部进行合理的区域协调布局调整，打造以黑龙江省为链长的现代能源、重型装备加工制造、多品种粮畜生产及深加工农业产业链，以吉林省为链长的现代汽车、铁路车辆制造、新材料、卫星、生物医药产业链，以辽宁省为链长的现代装备制造、国防军工、化工、钢铁、造船、新材料和集成电路产业链。二是依托建立东北地区碳交易和排放统一市场，促进人才、资金、技术等要素在东北地区进行充分的市场化配置，积极培育和发展现代化要素交易市场。

在扩大开放中推动东北
全面振兴取得新突破

王一鸣
中国国际经济交流中心副理事长

一、全球产业链供应链加快重塑

（一）全球产业链供应链调整的中长期变量和短期因素

当前，全球产业链供应链正在经历新一轮大调整，引发这一轮调整的，既有中长期变量，也有短期因素。

一是新一轮科技革命正在重塑全球产业链分工形态。数字化、智能化技术降低了劳动力成本在传统制造环节的作用，提高了技术、数据等要素的权重。发达国家依托智能制造技术优势弥补劳动力成本劣势，提升了对产业链关键环节的掌控力，降低了对低工资成本的发展中国家的依赖。

二是经济全球化退潮改变全球产业链空间布局。2008年金融危机后，20世纪90年代初期掀起的这一轮全球化浪潮开始退潮，全球产业链垂直一体化的分工体系正在重新调整和组合，全球供应链在持续扩张30多年后，也开始收缩，区域化、多元化的特征更趋明显。

三是新冠疫情加快全球产业链供应链重塑。疫情增加了部分国家对生产集中度提高的担忧，采取措施推进部分产业回流。跨国公司重新审视供应链安全问题，推动供应链分散化，在经济效率和安全之间寻求新的平衡，以规避"把鸡蛋放在同一个篮子"的风险。根据麦肯锡近期发布的报告，八成以上的跨国公司不再仅仅依赖于一家供应商，而是从两家或多家供应商采购。

四是俄乌冲突加剧了全球供应链碎片化。俄乌冲突引发全球政治经济动荡，西方对俄罗斯制裁全面加码，推动国际粮食、能源等大宗商品价格等大幅度攀升，全球能源和工业原料的供应链体系加速拆分。部分对俄罗斯能源依存度比较高的制造业，特别是高耗能行业，市场份额萎缩或者向其他地区转移。

（二）地缘政治因素的影响更加显现

从趋势上看，全球产业链供应链重塑的驱动力正在从经济层面扩张到非经济层面。虽然新冠疫情短期对供应链的冲击很大，但越来越多的迹象表明，地缘政治因素的影响更加显现，产业链供应链具有可能成为地缘政治竞争工具的风险。

（三）中国具有生产中心优势但面临"卡脖子"风险

产业链供应链可分别从横向和纵向两个维度观察。横向维度指的是产成品生产和供给的集中度。中国具有生产中心的优势，集中度很高。根据麦肯锡2021年8月发布的报告，在全球180种主要贸易品种中，70%的生产集中在中国。纵向维度指的是上下游关系，具有自然资源和不可替代技术的国家处在上游，中国总体上处在下游，对上游的能源资源和承载关键核心技术的中间品贸易依赖度比较高，容易面临上游国家"卡脖子"风险，比如，美国等西方国家在芯片等关键中间品上实行更加严厉的封锁措施，这是我国当前面临的特有风险。

（四）产业链"二元悖论"

各国越是具有国际竞争力的产业往往对国外的中间品贸易就越是依赖，脆弱性也相对更高。从日本、韩国和美国的半导体产业来看，各国的竞争力都很强，但是脆弱度的排名也比较靠前。这种特征在技术密集型行业特别明显，劳动密集型行业并不存在这种状况。所以，我们要扩大开放，但开放又会带来脆弱性的上升。如何在二者之间寻求平衡是需要去把握的重要方面。

二、东北扩大开放面临的新形势

当前，世界经济复苏乏力，地缘政治对抗加剧，世界进入新的动荡变革期，东北扩大开放面临新形势。

（一）中国超大规模市场优势的作用日益显现

长期以来，东亚地区普遍实行出口导向的战略，形成了以日本–韩国–中国–东南亚国家为核心的高端到低端的价值链。同时，这个地区总体上最终消费市场规模相对有限，大都是以美国和欧洲为主要出口市场。但是，随着中国作为最终消费市场的迅速崛起，这个格局正在发生改变。日本和韩国在继续以欧美为最终出口市场的同时，以中国为最终出口市场的供应链迅速发展，并将随着中国市场规模的扩大而呈现此消彼长的发展。这预示着，东北亚供应链的演变，不可能完全脱离中国而发展，中国经济的发展也有利于深化东北亚经济合作。

（二）RCEP的落地实施为东北深化扩大开放创造条件

中日韩作为东北亚最主要经济体，经济体量相对比较大，加在一起接近世界的1/4，在RCEP经济合作中扮演着重要角色。中日韩彼此也是互为主要贸易伙伴，贸易依存度比较高，但近期日本占中国对外贸易的份额在下降，韩国对中国贸易额已经超越日本。这种变化反映了东北亚地缘政治格局的变化。从长远看，深化中日韩经贸合作具有内在需求，而RCEP的落地实施，可以为推动中日韩签署自贸协定创造条件。

（三）地缘政治因素的影响增大

随着中美力量对比的变化，美国视中国为最大战略竞争对手，不惜成本和代价加大对中国的遏制和打压力度。从特朗普时期单方面挑起经贸摩擦，对中国产品加征关税，限制与中国高科技产业合作，实行出口管制"实体清单"和技术断供，到拜登政府实施"小院高墙"战略，推动出台《2021年美国创新和竞争法案》《芯片和科学法案》等，对半导体材料、EDA设计工具、人工智能芯片等实施更加严格的出口管制，并建立"印太经济框架"，组建"芯片四方联盟"，以供应链安全为由推行"近岸外包""友岸外包"等，甚至联合中国周边国家推行供应链"去中国化"，对东北亚长期形成的产业合作关系形成冲击，使得我国东北地区扩大开放面临更加复杂的因素。

（四）东北扩大开放也要扩大对内开放

新形势下，地缘政治因素影响的加深，增加了利用国际市场的摩擦成本。借助超大规模市场优势，中国可以在国际产业竞争中占有优势，并通过服务全球市场放大规模经济效应。与小型经济体比较，中国产业链的前后向关联更强，能够在更多产业链中占据主导地位。因此，东北扩大开放，不仅要进一步扩大对外开放，也要扩大对内开放，用好国内超大规模市场优势。

三、推动东北全面振兴取得新突破

自 2003 年中央提出东北振兴战略特别是 2014 年实施新一轮东北振兴战略以来，东北地区装备制造、汽车、石化等传统优势产业加快升级，经济发展内生动力增强。同时，虽然近年来东北经济增速在波动中有所回升，但在全国的位势仍在下降，加快东北振兴仍面临多方面挑战。

（一）东北全面振兴面临的新挑战

一是人力资本流失和创新能力不足的影响进一步显现。新科技革命改变了传统生产要素和新生产要素的相对地位，土地、劳动力等传统生产要素的地位相对下降，而人力资本、科技、数据正在成为区域竞争的关键变量。东北人才的激励机制还不健全，人才流失对创新能力的影响仍在持续显现。这种局势如得不到扭转，将成为东北振兴取得新突破的重要制约因素。

二是产业数字化智能化转型滞后影响制造业竞争力。东北地区是我国制造业相对密集的地区，但从全国来看，制造业数字化智能化相对于长三角、珠三角明显落后，而且缺乏吸引高端信息技术人才的平台，再加上投资环境缺乏吸引力，外来数字化智能化战略性投资偏少，这将影响到未来一个时期东北地区制造业的竞争能力。

三是绿色低碳转型给传统产业带来新的压力。东北地区产业重化工比重高，高能耗产业占比大，化石能源生产比较密集，落实"双碳"目标将对传统产业带来新的制约，大幅增加这些行业的减排成本，使部分原本效益就不好的企业雪上加霜。

（二）东北全面振兴取得新突破的路径

党的二十大报告指出，推动东北全面振兴取得新突破。最重要的是产业转型升级和竞争力要取得新突破，这是其他领域突破的基础和条件。

第一，推动产业技术创新取得新突破。科技创新对东北振兴一直很重要，但从没有像今天这么紧迫。要发挥东北装备制造业优势，抢占一些关键核心技术的制高点，在核电、火电机组、水轮机、高铁、工程机械等领域培育局部领先优势。加快推进科技人员职务科技成果的产权激励，更好留住科技人才，通过激发科技人员的创新活力，增强优势产业的国际竞争力。

东北终端产品追赶国际先进水平是比较成功的，包括核电、水轮机、高铁等，但是承载关键核心技术的中间品依然是短板，如关键零部件、元器件、基础材料、高端芯片、工业软件等，这类产品技术迭代快、科技投入大、产业生态复杂，隐含了很多隐性知识，需要长期的技术和经验积累，创新难度比终端产品更大更复杂。因此，培育一批生产中间品的科技型企业对提升产业竞争力至关重要。

第二，推动制造业数字化智能化转型取得新突破。从疫情前2019年数字产业指数分布热力图来看，东北除个别中心城市外，其他城市相对热度都不高。因此，东北要加快制造企业的数字化改造，引导行业龙头企业带动供应链中小企业数字化转型，推动工业互联网建设，加快数字化人才引进和培养，形成产业数字化转型的生态。

第三，推动产业绿色低碳转型取得新突破。绿色低碳转型孕育着新的增长点。从近年国内新能源和新能源汽车的发展来看，有的已经成为地方经济的重要驱动力。因此，东北要加强绿色低碳技术对传统产业的改造，构建清洁低碳高效的能源体系，加快煤炭清洁化利用。实施工业能效提升行动，推进电力、钢铁、建材、有色、化工等行业节能。鼓励社会资本设立绿色低碳产业投资基金，促进清洁能源、节能环保和绿色低碳技术发展。

第四，推动进一步扩大对外开放取得新突破。从东北亚区域产业链的变化趋势可以看出，虽然受到美国"去中国化"因素影响，但随着中国市场规模的迅速扩大，日韩不可能完全脱离以中国为最终消费市场的区域价值链。适应全球产业链区域化趋势，以及中日韩从产业内分工向产品内分工的转变，东北要在更高层次上重构产业链，寻求各方共赢的产业链合作方式，并在此基础上吸引日本、韩国的高端制造业到东北投资，挖掘与日韩产业合作潜力，提升产业竞争力。

中国绿色低碳发展和能源安全

史　丹
中国工业经济学会理事长、中国社会
科学院工业经济研究所所长、研究员

一、新冠疫情冲击下各国的绿色新政

新冠疫情是冷战结束以来最严重的突发性全球危机，对世界经济、安全和全球发展态势产生重大影响。在疫情冲击下，各国为了加速经济恢复，促进产业发展，大力推动产业的数字化和绿色化转型，学术界称之为"孪生转型"（twin transition，green and digital）。由于绿色发展更多是外部性问题，因此也就加速了一些国家干预主义的兴起，利用本国的绿色发展优势，构建绿色关税壁垒，保护本国绿色竞争力，并在此基础上兴起了"新产业政策"（new industrial policy，NIP）或者称为"绿色产业政策"（green industrial policy）。

新的产业政策强调在提升竞争力和劳动生产率之外，应该有一个更广泛的社会发展目标，包括气候稳定、减少不平等、创造就业等。新的产业政策在传统产业政策基础上有了新的内涵，能够促进国家整体经济发展，正因如此，世界一些主要经济体都在出台相关的绿色发展政策。

（一）欧洲绿色新政

2019 年 12 月，在英国提出绿色新政 10 之后，欧盟委员会提出《欧洲绿色协议》。这是对欧洲气候变化计划（ECCP）和气候与能源计划（CARE）等系列政策的更新，旨在推动欧盟能源、工业、建筑、交通、农业等各领域的转型发展。

2021 年 6 月，欧盟议会批准了《欧洲气候法》，将 2030 年减排 55%、2050 年净零排放的目标写入法律。

2021 年 7 月，欧盟委员会发布欧盟绿色新政的核心政策——"Fit for 55"减排一揽子方案。这是一套修订和更新欧盟立法并实施新举措的提案，旨在确保欧盟政策符合理事会和欧洲议会商定的气候目标。其中包括扩大欧盟碳市场、停止销售燃油车、征收航空燃油税、扩大可再生能源占比、设立碳边境税等 12 项新法案。但媒体预测欧盟委员会内部、各成员国之间、欧洲议会内部仍有不小的分歧，同时传统行业也将加紧游说，预计这一揽子计划需要到 2023 年才能正式获批。

（二）德国绿色新政

在过去几十年中，德国一直积极推动雄心勃勃的环境政策。2022 年，德国通过了国家可持续发展战略，将可持续性列为国家政策的指导原则，还发起了关于生物多样性、气候变化、能源和资源效率的重大跨领域倡议。

为应对疫情，德国于 2020 年 12 月向欧盟委员会提交了一个多维度的复苏计划，并获得联邦议院的正式批准。该计划涵盖了广泛的议题，从绿色转型到数字化，再到加强社会价值观、凝聚力和韧性。其中，数字化转型和气候变化仍然是主要挑战。计划至少有 42% 的资金用于支持气候目标，包括工业脱碳，特别关注可再生氢、可持续交通以及住宅建筑翻新等。

（三）美国绿色新政

2021年3月，拜登宣布了"美国就业计划"。这是面向未来8年的基建和经济复苏计划，总金额高达2.25万亿美元，旨在建立未来产业，振兴美国制造业，并创造高薪工作，同时保护一些社区免受环境污染的困扰。具体到绿色转型方面，美国将发展低碳建筑、推广电动汽车、发展低碳农业、保护自然资源、重振电力基础设施等。

（四）韩国绿色新政

为实现绿色新政目标，韩国政府设定了八项任务，分为基础设施绿色转型、低碳和分布式能源、绿色产业创新三个方面。比如为发展低碳和分布式能源，韩国将扩大太阳能、风能和水力发电，加大可再生清洁能源供应；对多个地区开展海上风电可行性研究；推广使用电动汽车和氢能源动力汽车等。通过这些任务，可望减排温室气体1 620万吨，提高环境能效30%。

（五）日本绿色新政

2020年12月，日本政府推出绿色增长战略，涉及能源和运输等14个重点领域。包括加快太阳能电池相关共性技术开发，加速氢能发电涡轮机的商业化，推进氢运输相关设备标准化；推动共燃发电燃烧器技术的发展，到2030年引入并推广20%的混合燃烧发电；到2050年提高共燃率，并实现燃料氨发电技术开发从低浓度低压力的废气中分离和回收CO_2技术、供应有助于工业领域脱碳的新材料；推进回收技术的进步和发展，建设固体废物处理设施，到2050年实现资源产业的净零排放等。

（六）中国绿色政策

中国绿色发展可以分为三个阶段：第一阶段是从解决能源供需切口的

角度强调能源的节约利用，第二阶段是从人力资源、能源资源、经济效益协调发展的角度提出新型工业化道路，第三阶段是以建设生态城市为标志开启全面绿色低碳发展新阶段。

在总的政策目标指导下，我国提出了一系列措施，例如"双碳"目标、"1+N"政策体系、绿色制造等等。在绿色低碳发展，建设生态文明的第三阶段，能源低碳转型与绿色低碳发展形成了更加紧密的联系。低碳发展不仅要求能源要环境友好，而且要气候友好。"双碳"目标条件下，绿色低碳发展要求能源结构向以清洁低碳能源为主转变。

随着国家绿色发展政策的全面、顶层设计的完善，在这些国家政策的指引下，中国绿色低碳发展总体取得了可喜成绩。

一是能源结构低碳化发展，煤炭消费占比由2012年的接近70%，降到2021年的55%左右，2021年清洁能源消费占比接近25%。二是低碳交通发展迅速，2021年轨道交通接近9 000万千米，新能源汽车的产量非常大，位居全球第一，世界市场占有率位居第一。三是工业能源利用效率大幅提高，单位GDP能耗持续下降，2021年我国单位GDP能耗比2012年累计降低26.4%，年均下降3.3%，相当于节约和少用能源约14.0亿吨标准煤。

此外，由于能源结构不断优化和能源效率大幅度提升，以及低碳交通的发展，我国生态环境不断改善，空气质量大幅度提高，水环境质量持续向好，土壤污染加重趋势得到初步遏制。水电、风电、太阳能发电机和核电在建规模稳居世界第一，成为全球非化石能源的引领者。

二、能源安全问题对绿色新政的冲击

"能源不可能三角"，即能源环境、能源安全、能源成本不可能同时满足，相当于三角形的三个顶点，不可能在同一条直线上。在同一时空条件下，"能源不可能三角"问题的存在，使得绿色低碳发展和能源安全形成紧密的联系。

（一）俄乌冲突使得欧洲出现能源短缺和价格高企，安全问题突出

俄乌冲突对欧洲绿色新政形成了很大冲击。2022年6月—9月，由于俄乌冲突，欧洲天然气供应紧张，消费者支付的天然气价格几乎翻了一番。截至当地时间10月3日，荷兰TTF天然气期货即月合约已经较一年前涨了近9倍，飙升至169.06欧元/兆瓦时，电价触及了历史高点。

（二）能源短缺和价格高企使欧洲各国纷纷发展已放弃的煤炭和核能

由于能源的短缺和价格的高企，欧洲各国不得已放弃了以前绿色新政所提出的发展规划和雄心勃勃的计划。比如为从能源危机"脱困"，德国、意大利、奥地利、丹麦、荷兰等多国曾大力呼吁放弃煤炭，倡导环保的欧洲国家近期相继宣布重开煤电厂或采取措施支持煤电项目。向来坚定弃核、大力发展新能源的德国迈出了不同寻常的一步，于2022年7月21日宣布新的一揽子能源安全计划，其中包括重启褐煤发电，改变其原定的2022年彻底让所有核电机组退役的计划，有两台核电机组将作为"应急备用"机组开启至2023年4月中旬。法国、波兰等国也正大力推进煤炭发电。

（三）能源短缺和价格高企使欧洲能源转型进程倒退

俄乌战争爆发后，能源转型"急先锋"的欧洲，正处于全球能源危机的中心，欧洲能源安全问题日益凸显，不仅备受天然气断供的威胁，而且经受能源成本大幅上涨的煎熬，在短期内被迫重启煤电并推迟核电退役，以维护能源供应安全和稳定。原有的能源安全、效率、清洁的三角平衡被打破。

为应对可能超预期的能源危机，欧洲多国这些旨在缓解经济困境的"权宜之计"正扰乱欧盟新能源发展计划，阻碍其到2050年实现碳中和目标。全球绿色低碳发展受到较大的影响。

（四）欧洲能源政策调整的启示

一是从欧盟能源政策调整这一事件中，可以看到，"能源不可能三角"中能源安全是首要选择，其他都是可能改变的。二是能源安全对绿色低碳发展的影响，主要是绿色技术的约束，或者说安全阈值，在突破技术阈值之前，推动绿色低碳发展，必须要防范能源安全风险。三是提高能源效率和大力节约能源，有利于降低能源安全风险。

如果绿色进程不能快速提升，能源三角平衡被打破之后，牺牲的可能是绿色转型的进程，或者国家和老百姓要承受更高的能源价格。这个问题实际上在我国也有不同程度的反映。当我国能源供应紧张时，煤炭的投资增长也会比较快。这就是安全问题对能源绿色转型的影响。

三、我国能源安全状况及应关注的重点问题

从前面的分析可以看到，要推动绿色低碳发展，一定要关心关注能源问题。相对于其他国家，改革开放以来我国的能源安全问题总体是不错的，安全状况持续改善，能源短缺问题仅仅是局部性的，特别是近10年来没有发生全国性的能源短缺问题。但是，这并不意味着我国不存在能源安全的风险。

（一）需要持续关注的能源安全问题

1.能源资源供给的可靠性

近年来，我国油气资源的对外依存度在持续增长，即使到2060年实

现碳中和，我国油气资源仍然会在整个能源供应中占有一定的比例，在一定情况下还是要利用国际市场，保证我国油气安全。

2.能源价格的稳定性与合理性

随着能源转型的推进，新能源的快速发展，如果储能技术没有快速跟进，能源价格就会出现一个持续上升的阶段，再加上外部性冲击，会导致我国能源价格产生很大的波动，比如2021年我国煤炭价格的大起大落。

3.能源贫困

我国要实现共同富裕，实现全面小康社会，其中很重要的一点就是要消除能源贫困。我国在一些地区，存在不同程度上的能源供给不可获得的问题。

4.技术进步与创新引发的安全问题

随着我国能源结构转型，电力消费占比越来越高，电力是网络型的，而且随着新能源占比的提高，新型的电力系统性的安全问题将成为能源安全新的挑战。

5.能源环境影响

除了传统的化石能源对温室气体排放有很大的影响，新能源发展对环境的影响也要注意。

6.能源基础设施的安全

前几年的大停电，实际上反映了电网受到了黑客的攻击，造成的影响大。

（二）应对能源安全问题的政策措施

1.加强能源安全顶层设计和系统性管理

成立综合性协调机制与机构，下设不同专业委员会支持能源安全问题的讨论，建议在国家能源专家委员会开设能源安全专门议题，组织各方面专家综合研判。强化能源风险问题的监测与定量分析，对风险问题要做到"心中有数"。要引入大数据技术等开展风险问题研究。在政策制定过程中避免两个极端，既防止过度安全化，又要防止去安全化。

2.把"稳价格""降成本"作为提高能源安全保障的重点

国际油气价格过高或短期内价格的大幅波动均会对中国能源安全的经济性方面产生较大影响，不利于能源经济成本的降低和国内能源价格的稳定。作为世界最大能源进口国，中国要加强原油、天然气期货市场的建设，积极参与世界能源治理体系活动，稳定全球能源市场，使中国能够以更加合理、稳定的价格进口国际油气，避免国际油价大幅波动对中国能源安全经济性的冲击。

3.加强能源投资，保障海内外能源资源的开发可持续性

经济发展虽然放缓，但能源需求仍将保持增长，特别是相对清洁的天然气等能源资源。石油资源开发需求将稳定在2亿吨左右，未来很长一段时间内天然气资源开发需求增速可以达到10%，煤炭受制于环保，但由于对能源安全有重要意义，未来资源开发需求将在20亿~25亿吨/年，电力资源开发需求与经济发展密切相关，未来增速将保持在5%左右。

中国要保持稳定的能源投资，其中包括清洁能源建设的投资，也包括能源安全基础设施、应急储备的投资。既要加强国内能源资源勘探开发，也要继续加强海外能源开发投资、运输通道与航运能力的建设。

4.积极推动全球安全合作

无论是能源进口国还是能源出口国，能源安全从来都是相对的、有成本的，所谓的绝对安全是不存在的或者是成本极高的，合作是成本最小的能源安全策略。抛弃合作安全而追求所谓的独立安全，必然要在能源储备、军事设施等某些领域增加不合理的投资，其成本最终要转嫁到本国人

民身上。中国提出的"一带一路"倡议，主张经济全球化和贸易便利化，是中国为全球能源安全治理提供的重要公共产品。

能源合作要着眼于人类可持续发展，从谋求自身安全转向维护全球安全，形成正确的义利观和安全观。气候变化是主要由能源生产与消费引发的影响全人类可持续发展的重要问题，应对气候变化是全球能源安全合作的基点。自工业革命以来，大气中的温室气体由于人类活动而逐渐增加，其中许多与能源有关。科学研究表明，如果气候系统比工业化前的水平高出2摄氏度以上，对人类的可持续发展的影响将越来越严重。国际能源署认为，当前国家自主减排贡献的总和远远无法实现协定目标，必须以可量化的集体政策行动，加快能源转型的变革速度。

未来增长速度的风险与全要素生产率的来源

周天勇
东北财经大学东北亚经济研究院专家
与学术委员会副主任、中央党校
（国家行政学院）国际战略研究院原
副院长

按照教科书上的数理逻辑和计算方法，一般来说，未来经济增长潜力的展望，先测算劳动力和资本要素投入的产出变动，再估计创新等带来的全要素生产率提高。

我从2018年开始琢磨：中国未来的经济增长到底有没有中高速增长的可能？开始想综合一下各方同仁研究的文献，加一些评述，估计可能会较快地完成我预想的工作。深入研究后发现，中国未来15年平均劳动力增长-1.1%已经成为一个定局，投资增长取决于消费市场需求规模的变化，未来年均最乐观也就在4%左右，劳动与资本要素产出贡献率虽然此消彼长，假定各自长期平均为50%，简单用索洛模型匡算，要素投入的GDP增长部分年均也就在1.5%左右。

剩下就是全要素生产率部分。从荷兰格罗宁根大学有关机构计算的数据看，各主要市场经济国家1971—2019年的数据，广义技术进步全要素生产率平均增长速率在0.5%~1%，中国1978—2019年为0.7%。假如中国未来创新获得的全要素生产平均增率不变，未来的年均GDP增长速度也

第一篇　新发展格局下东北振兴新突破的机遇与挑战　53

就在2.2%左右。

国外许多经济学家和机构对中国未来长期经济增长看悲的预测大多来自这种方法。虽然我们责怪他们唱衰中国，但他们测算的方法按照教科书给出的数理逻辑和方法审视，并没有错误。大多数用此推算中国经济增长的学者和研究机构，要么在未来提高全要素生产率方面加强推算，主要希望借此来保证一下合乎发展目标要求的速度；要么前提假设全要素生产率提高无望，悲观的速度平均为1.5%~2.5%。

当然，国内许多研究都还是较自信地认为，创新会完成全要素生产率理想地提高这一艰巨任务。因为，在传统计算的逻辑和方法之中，除了提高全要素生产率，再也无法找到中国经济中高速增长的可能。

什么是中国未来合理的增长区间？从现有的经济学数理分析，客观地讲，就是在要素投入和创新推动最大可能情况下，经济增长能够实现的速度。上面已述，也就是2.5%左右。然而，从中国未来追求的发展目标看，这显然是一个极不合理的区间。

当然，从资源和各方面动能支撑看，这是一个客观能不能达到的问题；然而，从中国未来发展的要求看，其又是一个主观方面通过努力需要达到的目标。如果未来经济总量再翻一番为底线目标，增长速度合理区间则需要4.73%左右；如果未来15年要达到中等发展国家水平，考虑全球经济增长速度都在放缓，中国人民币汇率坚挺等因素，也需要年均经济增长上限水平至少应当以5.5%左右为合理的增速区间。前面也已经提到，用索洛模型计算未来15年劳动与资本要素投入获得的平均产出增长率为1.5%左右。这样未来教育深化、知识进展、人力资本积累、装备技术水平提高、新技术发明及其应用和产业化等创新，在要素投入对增长的贡献之外，要承担要素投入部分之外的年增长3.23%的潜能缺口。

那么，中国的全要素生产率未来15年究竟能不能如我们所企盼的平均可以增长3.23%以上？回答：大概率是否定的。

首先，还是先考虑全要素生产率增长的历史，经验数据不支撑我们依靠全要素生产率稳定住中高速增长的企盼。格罗宁根大学计算的全要素生产率年平均增长数据：1971—2019年间，日本、韩国、法国、英国、德国和美国，分别为0.51%、1.69%、0.72%、0.58%、1.04%和0.59%，还有中国在改革开放后1978—2019年中全要素生产率的增速平均为0.70%，而1957—1977年的增长速度为-1.21%。而亚洲生产力组织的数据，1971—1977年更是为-2.01%。1978年前后的状况证明，也只有改革开放形成的利益、知识产权、国际直接投资和市场机制，能够使中国全要素生产率的增长转负为正，年均增长0.7%。

这样，连续几个问题扑面而来：未来15年全要素生产率平均增长方面，我们还会保持在改革开放以来0.7%的水平上吗？我们未来会达到发达国家德国1%左右的历史水平吗？我们定会追上韩国，提高到1.69%的水平吗？中国未来创新会比韩国还要厉害，赶超到2%的水平上吗？

即使我们能够在未来的15年中，赶超韩国创新的历史，全要素生产率年均增长达到2%的水平上，离4.73%的底线增长区间，还是有2.73个百分点的缺口；而如果拟达到中等发达水平，则至少还有2个百分点的增长缺口。

其次，经典文献的研究结论不支撑未来全要素生产率会稳定经济中高速增长的设想。在我研究如何实现中高增长期间，看到琼斯写的一篇质疑全要素生产率增长作用的学术论文，还有菲斯佩奇对此写的一篇评论。琼斯研究欧洲和美国1980—2000年研发人员投入与全要素生产率增长间的变动关系时发现，前者数量投入的增加，并没有促使全要素生产率增长曲线向上向右变动。而菲斯佩奇则对其评论，创新带来的全要素生产率增长，从长期来看是一条波动幅度不大且平缓变动的曲线。于是笔者又去观察数据，在1971—2019年的半个世纪中，除韩国之外，各大经济体全要素生产率增长趋势在0.5%~1%，包括韩国在内，均呈平缓并略微下行的趋势。

中国未来的全要素生产率还会年均增长3.23%以上吗？显然，根据格罗宁根大学研究的历史数据，还有琼斯和菲斯佩奇的研究结论，能够实现的概率并不高。

第二篇

新发展格局下的东北金融再造

用"弯道超车"策略
推动东北金融再造

朱　勇
中国建设银行研修中心（研究院）
副秘书长

　　习近平总书记在党的二十大报告中指出，中国式现代化，是中国共产党领导的社会主义现代化，既有各国现代化的共同特征，更有基于自己国情的中国特色。"东北亚经济论坛"旨在研究如何实现东北振兴，为促进东北现代化建设提供强有力的智力支持，意义十分重大。下面，我围绕本次分论坛主题，以"用'弯道超车'策略推动东北金融再造"为题，分享几点个人体会，抛砖引玉，请大家批评指正。

　　"弯道超车"原是赛车术语，后延伸至社会发展的各个领域。在经济领域，可以理解为在经济发展的一些关键阶段，后发国家、地区或机构通过找到合适的发展道路和思路，实现超越对手的跨越式发展。说到"弯道超车"，近年来国内有一个热议话题，就是"合肥模式"。从2010—2020年，合肥的地区生产总值从2 702.5亿元跃升至10 045.7亿元，10年增幅达272%。在中国地区生产总值十年增幅排名前十的主要城市中，合肥位居第二，人均地区生产总值也从低于全国平均水平变为全国平均水平的1.6倍。同时，投资京东方和蔚来汽车的成功案例，更是让合肥赢得了"最佳风投城市"的头衔，被称为"一座伪装成城市的投行"。合肥从彼时"离发达地区最近的欠发达省会"到现在定位为"长三角城市群的副中心"，实现了华丽的"逆袭"。合肥成功转型发展的背后，有许多值得总结的经验，其中既得益于搭上了新能源汽车和高端制造业的"风口"，也离不开金融力量的大力支持。从金融角度去看合肥"弯道超车"的经验，可以有以下三个启示，概括为"找准定位，抢占制高点，实现创新发展"。

一是找准实体经济发展定位，实现金融、科技和产业的良性循环。经济兴则金融兴；经济强则金融强。合肥的战略性新兴产业被精练为"芯屏汽合、集终生智"，其中，据统计，目前合肥在新能源汽车产业领域，已经相继布局了50多个新能源汽车重大项目，上下游120余家企业，总投资规模超500亿元，合肥因此被外界称为"新能源汽车之都"。在合肥的绝大部分金融机构与这些新能源汽车品牌分别签署了战略合作协议，在融资授信、企业账户体系搭建、供应链金融、汽车金融等业务领域展开了广泛合作。通过金融资源的集聚，合肥既做大做强了优势产业，也聚力打造出具有竞争力的新兴产业集群。

二是抢占产业发展的制高点，实现科创企业的全方位金融支持。合肥各级政府和金融机构紧密合作，在科技金融领域先试先行，探索出一条契合科技型企业生命周期特点的服务新路径。例如，合肥市政府先后与比亚迪、大众、蔚来等新能源汽车头部企业深入合作，拿出真金白银参与Pre-IPO轮融资，项目稳定运行后择机退出，再寻找下一个风投目标。在合肥带动下，安徽多地纷纷成立产业基金和地方引导基金，以"基金+产业"模式打造"基金丛林"，实现"四两拨千斤"的效果。

三是坚持创新发展理念，实现金融产品和服务模式的创新。与传统企业相比，科技型企业"轻资产、高成长"的特征，呼唤着金融服务模式的创新。合肥的许多金融机构更加重视科技金融的作用，在业务发展、产品服务、客户准入、授信管理等方面加大创新，不断探索形成可持续的商业模式，为不同成长阶段的科创企业提供专业性、多层次、多样化的金融服务，缓解科创企业的融资难题，助力经济高质量发展。

那么，"合肥模式"能不能在东北再现，或者说东北能不能创造出独特的"东北模式"，奋起直追，实现"弯道超车"呢？现代经济体系是一个高效的运转系统，在这个系统中，金融是不可忽视的重要一环，金融要和产业紧密结合，像水一样融入到实体经济的每一个环节，才能让推动经济前进的引擎快速高效运转。我认为，可以充分借鉴"弯道超车"的经验，通过金融再造，促进东北经济的转型升级。因此，东北的金融再造既要充分找准并遵循经济金融的发展趋势，又要立足东北实际，满足东北地区经济发展的需要。在机遇和挑战并存的当下，应通过业务和科技的双轮驱动，相辅相成，助推东北金融实现高质量发展。

业务驱动就是通过对传统业务系统的调整和变革，找到业务发展关键点，增强金融与东北产业的深度融合。

一是构建政银企良性互动机制，支持地方主导产业发展。东北是老工业基地，重工业、军工业、汽车制造业曾是东北地区的传统优势产业，东北振兴的关键是在传统优势产业基础上，结合自身比较优势，通过转型升级尽快打造其新兴主导产业。对地方主导产业，金融机构特别是商业银行应充分发挥综合化金融作用，积极围绕政府设立的产业母基金，通过股权、债权、配套基金、财务顾问等方式全力打造产业集群全链条、全周期发展的金融服务体系，为优势产业企业提供长期稳定的资金支持。对重点领军企业，银行可以在信贷规模上优先保障，通过银团贷款、联合授信等形式满足资金需求。对产业链上下游企业，要发挥金融科技的作用，搭建数字化供应链金融平台，围绕产业链中采购、物流、生产、销售、结算各环节的业务场景，精准满足链上企业的融资需求。

二是聚焦科技创新企业，构建企业全生命周期、全方位的金融产品服务体系。东北地区有天然的科教和人才资源，并具备发展航空航天、生命科学、高端制造、生物医药等产业的基础。金融机构应不断完善并打造多元化的科技评价机制，加快形成更为系统成熟的方法工具，通过投贷联动，在企业种子期、初创期、成长期、成熟期等全生命周期中进一步加强股权投资、银行信贷、债券融资、保险担保等资源的集合协同作用。需要注意的是，在新一轮科技革命下，中小企业往往在技术创新特别是颠覆性技术创新中的价值更加凸显，因此，要加大对"专精特新"中小企业的金融支持。

三是助力地方特色产业发展。东北一直有"北大仓"的美称，是全国粮食种植和农产品的重要原产地，也是全国粮食安全的重要保证。顺应乡村数字化发展趋势，加快东北地区智慧农业、智慧乡村旅游、智慧园区、智慧市场等场景金融建设，为农村生产生活领域提供便捷金融服务。加强与农业产业化龙头企业、农民专业合作社等合作，积极构建"公司+农户""合作社+农户"等服务模式，努力推动东北乡村振兴，实现高质量发展。

科技驱动就是大力推动东北金融机构的数字化转型。在互联网和大数据的时代背景下，数字化转型已成为金融机构未来发展的制高点。麦肯锡研究发现，2014年以来，金融科技驱动的业务逐步取代传统银行业务，成为金融机构业绩增长主力。通过推进东北金融机构的数字化转型，可以实现过去"从关系找价值"到"从数据找价值"的转变。

一是用金融科技手段降低交易成本，提升金融效率，缓解传统金融业务中面临的信息不对称问题。过去，传统的银行信贷主要依赖财务报表、抵押物，并通过现场认证、人工审核的方法增强对事件真实性的判断。这种办法对大企业还好办，但小微企业普遍缺担保、缺抵押、缺相关财务数据，银行难以识别小微企业的风险，资金匹配和风险评估成本较大。现在，金融科技手段改变了传统的信贷模式，银行充分运用内部数据和外部替代数据，通过优化建模和算法升级，形成智能化挖掘和前瞻性画像，既降低信息搜索成本和获客成本，又解决了传统信贷模式下信息不对称问题，提高了风险识别能力，降低了风险管理成本。

二是用平台化思维延伸服务半径，拓宽覆盖面，让金融产品和服务更加泛在化。作为信用中介和数据中心，金融机构应树立平台化思维，重新塑造在经济活动中的角色，一方面，通过手机、互联网等载体打造易于大众掌握和使用的"指尖"银行，有效提升金融的市场触达、覆盖能力及客户服务效率；另一方面，通过以"交易银行""开放银行""生态银行"为基础的平台化建设，搭建金融服务与产业发展的跨界生态圈，激发金融产品流程和商业模式的创新。

三是通过大数据风控减少人为操作，提高系统识别，有效防范道德风险。金融机构应用金融科技，改变过去依赖于财务数据的传统风控模型。通过整合标准化的传统数据和碎片化、非结构化数据，应用大数据技术建立多维度模型，进行相关性分析、多维比较和交叉验证，构建"自证+他证+公证"的信用机制。同时，机器系统的自动运行可以代替手工操作，减少人为干预，降低金融运营中的道德风险。在具体推进数字化转型的过程中，东北的金融机构既要注意发挥总部的集团作战能力，又要根据东北实际和各地区的具体情况，建立更加灵活和敏捷的团队，实现符合区域发展的数字化解决方案。

党的二十大报告强调，要"推动东北全面振兴取得新突破"。东北将面临新一轮区域发展政策红利，东北的金融机构应进一步发挥金融在市场配置资源中的核心作用，充分结合东北经济和产业发展的特点，加大产品和服务模式创新，为东北经济转型发展探索更多更好的路径和方案，在东北全面振兴区域发展中发挥更大的作用！

ESG崛起背景下东北金融再造的新机遇

王志峰
腾讯金融研究院副院长、首席研究员

一、全球ESG投资的发展趋势

一是ESG投资具有正外部性和正反馈性，推动全球ESG生态体系加速形成。ESG资产因稳健性和回报的优越性吸引了大量的资金流入，资金流入又推升了ESG资产的价格，进一步增强了ESG资产的吸引力，形成了一个正循环。我们今年在对债券型基金、权益型基金的研究中发现ESG投资具有正外部性，能够产生正回报。

资产所有人、资产管理机构、金融机构和实体企业深度参与ESG投资，形成了一个强大的正向激励机制，推动各环节的实践不断丰富和完善，市场规模也持续扩大，在全球范围内都形成了一个ESG生态体系。

从数据来看，2020年6月，全球可持续基金资产总额约为1.2万亿美元，截至2022年6月，已达2.47万亿美元。换句话说，经过2年的发展，投向可持续基金领域的资产翻了一番。渣打银行最新发布的《2022年可持续投资及个人金融调研》报告显示，预计到2030年，约有8.2万亿美元的个人资金将用于可持续投资，未来的发展空间仍然巨大。

二是 ESG 监管日趋严格，全球和区域性的 ESG 标准正在加速形成。目前全球主要市场中，欧盟、新加坡和中国香港制定了强制 ESG 信息披露规则，美国、英国、日本则很早就设立了环境信息和公司治理披露规则，而我国内地 ESG 信息披露以自愿披露为主。

2021 年 3 月，欧盟的《可持续金融披露条例（Sustainable Finance Disclosure Regulation，SFDR）》生效。该条例将 ESG 相关投资产品分成了三类，包括"非 ESG"产品、"浅绿"产品、"深绿"产品，不同类型的产品具有不同的披露义务和内容，并受到监管部门的严格审查。甚至由于严监管，在全球可持续投资联盟（GSIA）的 2020 年度统计报告中，欧洲的 ESG 投资规模首次出现缩水。根据晨星的研究，2021 年 3 月至今，欧洲贴标"ESG"的基金数量大约减少了 23%。

根据美国可持续与责任投资论坛的最新报告，美国证券交易委员会提议通过提高 ESG 基金的名称和披露要求标准来打击"漂绿"行为，重点关注声称将 ESG 政策纳入投资决策，但未确定任何具体 ESG 标准的投资资产。2022 年 11 月 22 日，美国证券交易委员会指控高盛旗下的高盛资产管理公司在 ESG 投资方面误导客户，高盛同意支付 400 万美元罚款。此前，2022 年 5 月，纽约梅隆银行（BK）同样因为"共同基金在投资决策时，对 ESG 因素的错误陈述和遗漏"被指控，并被罚款 150 万美元。

中国资产和中国企业在全球 ESG 崛起背景下面临一定压力。2022 年 4 月初，美国证券交易委员会发布气候变化信息披露提议，中概股同样面临披露要求。2022 年 11 月 28 日，《企业可持续发展报告指令》（CSRD）以压倒性优势，在欧盟理事会获得通过，立法程序已经完成，成为欧盟 ESG 信息披露核心法规。CSRD 要求的标准更加严格，拓展了覆盖企业，对在欧盟有业务的国内企业也会造成影响。

从国际标准的最新情况来看，国际可持续发展准则理事会（ISSB）计划2022年底出台一套ESG披露准则，目前已在全球范围内征求意见。该准则对公司运作会产生非常重要的影响，对中国公司影响也会很大。

三是ESG投资在固定收益领域的应用日益深入，发挥着价值创造的作用。随着ESG投资理念在金融领域的不断发展深化，越来越多的市场参与者开始关注ESG投资在固定收益领域的应用。从资金流向来看，虽然股票基金依然在ESG基金的资金流中占据最大份额，但是流入固定收益基金的资金正在稳步增加。

在投资端，越来越多的投资机构将ESG因素固定收益纳入投资框架或策略中。调查显示，截至2020年全球约26%的固收投资组合中整合了ESG策略，开展ESG固收投资的资管机构也在逐年递增。如贝莱德公司通过股东参与的方式来推动被投资企业的ESG提升，太平洋投资管理公司为其持有的债券中超过80%的企业提供ESG投资建议，国内如南方基金建立了完整的内部管理架构和流程制度保障ESG有效整合。

2022年我们跟踪全球ESG债券基金产品与策略，并收集国内数据，验证ESG策略在固定收益领域的适用性和正外部性。核心发现包括：ESG评级能够有效衡量上市公司的发债融资成本与信用风险；绿色债券和第三方认证能显著降低债券融资成本；绿色债券整体表现优于普通大盘指数，呈现更高的年化收益率；整体来看，绿色债券基金具有更强的抗风险能力。更多的发现可以关注腾讯金融研究院发布的系列报告。

四是全球金融机构正在积极探索ESG转型路径，ESG投资是中国金融行业富有前景的发展领域。从内地来看，ESG投资的兴起拥有两个关键驱动力，包括"自上而下"的国家政策导向和"自下而上"的市场投资机会，两股力量正在重塑绿色及可持续金融领域，推动ESG投资走向深入。

金融机构的关键功能是实现金融资源的跨行业跨时间跨区域配置,通过这个配置过程来促进经济实现高质量发展。对金融机构而言,应结合业务特点做好绿色金融市场服务商。例如,商业银行重点参与绿色信贷,券商参与绿色债券、绿色股权投资,基金公司推出 ESG 基金;VC/PE 机构可以增加投向于绿色产业的资本配置;融资担保机构可以帮助绿色企业获得更多融资担保;产业集团可以建设产业转型绿色创新平台等。

将 ESG 纳入投资决策全流程成为大势所趋,贝莱德、安联等都已在积极布局 ESG 投资。嘉实基金发布了企业社会责任报告,自主研发出嘉实 ESG 评分体系,荣获 PRI 全球最高等级 A+评定,在国内走在了资管机构的前列。

二、中国 ESG 的两个突出特点

第一,中国绿色金融政策体系初步形成,ESG 评价体系在加速形成和完善。发展 ESG 需要有一套清晰的评价体系,包括对上市公司的评价、对 ESG 产品的评价,乃至对于资产机构 ESG 投资的评价。好的评价体系既是金融机构进行 ESG 投资的指引,也是进行评价与考核的指挥棒,发挥着优化资源配置的关键作用。最近 3 年,对金融机构主体和具体产品的评价体系在不断完善。

ESG 评价既包括具体产品的标准,也体现在对金融机构金融主体行为的约束和引导。《绿色债券支持项目目录(2021 年版)》(中英文版)《金融机构环境信息披露指南》《环境权益融资工具》3 项标准已正式发布;央行发布的《银行业金融机构绿色金融评价方案》在 2021 年 7 月正式实施;银保监会印发的《银行业保险业绿色金融指引》也在 2022 年 6 月正式实施。业界也在积极探索ESG披露指南、ESG投资指引等各类标准来规范ESG的发展。

第二，ESG产品进入井喷期，多层次ESG产品和市场体系初步形成。从数据来看，截至2021年末，我国本外币绿色贷款余额为15.9万亿元，同比增长33%，存量规模居全球第一。2021年境内绿色债券发行量超过6 000亿元，同比增长180%，余额达1.1万亿元。2020年绿色保险保额达18.3万亿元，同比增长24.9%。绿色贷款、绿色债券、绿色保险、绿色基金、绿色信托、碳金融产品等多层次绿色金融产品和市场体系初步形成。ESG为金融机构提供了一种投资策略，也为金融企业践行可持续发展和进行产品创新提供了指南与工具。

三、ESG崛起背景下东北金融再造的新机遇

ESG是一个崭新的赛道，处于方兴未艾之势，各区域都在探索适合自身的ESG发展模式，呈现你追我赶的态势。在这种情况下，并未形成稳固的先发者优势，也给了东北金融再造和迎头赶上的机遇期。在ESG崛起背景下，东北金融再造过程中蕴含着诸多机遇。

一是大力发展转型金融，推动重点工业领域的转型发展。东北作为一个老工业基地和制造业基地，实现绿色发展尤其需要转型金融的支持。

实践中，绿色和可持续金融资源大部分都投向了纯绿项目，很难支持到高碳企业向低碳的转型，比如煤电、钢铁、水泥、有色、化工等高碳行业。在当前金融体系下，即便高碳企业有转型意愿和可行的转型计划，也很难获得转型所必要的资金支持。

开发服务转型金融的创新金融产品，金融机构大有可为。装备制造业

和工业企业普遍负债率较高或面临较高的技术风险，仅仅依靠债务融资工具，如绿色信贷和绿色债券，无法满足其需要。需要更多创新型金融产品，如PE/VC等股权基金投资、夹层融资、债转股、风险缓释产品、资产支持证券等。

从公开报道可知，目前央行正在组织制定钢铁、煤电、建筑建材以及农业四大领域的转型金融标准。湖州已从2021年底开始编制地方版的转型金融目录；中国银行、建设银行、渣打银行等也编制了转型目录。希望能够尽快出台转型金融标准，推动东北和全国，特别是重点行业的绿色发展。

二是发挥林业资源优势，大力探索碳金融机会。在减排目标的要求之下，碳排放权将会成为稀缺商品，碳资产成为新的资本类型，甚至成为生产要素进入生产函数中。

从东北地区的资源禀赋来看，东北在林业碳汇方面已经积累了巨大财富。以辽宁省为例，中国林科院2021年发布的科研数据显示，辽宁省森林面积达8 965万亩，森林覆盖率已达41.25%，森林生态系统年碳汇量1 938万吨，占全省陆地生态系统的80%左右。预计到2030年吉林省森林蓄积量将达到4.4亿立方米，森林年碳汇量将达到2 300万吨以上。东北完全有条件发挥生态资源优势，发展碳汇项目。碳市场建立以后，可以发挥碳资产价格发现的作用，把资源更高效地配置到减排项目和企业。

从公开的报道可知，东北已经在开始布局碳金融。2017年，黑龙江省发改委委托东北林业大学做了全省碳汇经济发展规划，这是全国首个省级层面碳汇经济发展规划。国家林业和草原局公布2022年度林业碳汇试点市（县）名单，吉林省延边州正式入选，而延边州的林区经营总面积为406.6万公顷，森林覆盖率达81.49%。

在交易市场层面，沈阳市碳排放权交易市场2021年9月正式上线运行，成为东北地区首家碳排放权交易市场。沈阳市将能耗排名前500名的企业纳入重点排放单位，碳配额总量约为2 700万吨。配额发放标准初步设计为90%的配额无偿分给企业，5%的配额由政府进行拍卖，5%的配额引入自愿核证减排。

绘制东北在碳金融的发展路径：全面提升森林质量，增强生态系统碳汇能力；探索碳汇产品价值实现机制，推进林业碳汇交易，通过大数据平台建设，推进森林碳汇交易模式创新，开发碳券、碳电融合、碳普惠产品等，探索和实现生态资源的价值转化路径。

三是与国内标准深度接轨，在ESG信息披露和ESG评价中参与标准的制定。东北的金融机构也可以发挥禀赋优势，积极参与国际与国内各项标准的制定，如环境披露标准、碳排放与碳汇的标准、转型金融的标准，来引领ESG的发展，体现东北金融机构的专业能力和价值。

可持续发展是一个长期命题，ESG投资作为可持续金融中的重要力量正在蓬勃发展。希望和大家一起努力，提供有价值、能落地的研究和产品。

第三篇

RCEP下的东北高水平对外开放

RCEP机遇下的中日经贸合作关系与东北高水平对外开放

吕克俭
商务部亚洲司原司长、全国日本经济学会副会长

一、中日经贸关系克服疫情影响实现可持续发展

历经70年风风雨雨，中日经贸关系虽历经起伏，但已构筑起坚实的基础，形成了互惠互补、互利共赢的良好局面。稳固而强韧的中日经贸关系既是双边关系的重要组成部分，也是中日关系长期稳步发展的"压舱石"和"稳定器"。特别是1972年邦交正常化以来，两国经贸关系由单纯货物贸易往来发展为货物与服务贸易、相互投资、人员交流、技术合作、多边与区域合作并举的全方位、深层次合作，形成了互惠、互补、共赢的良好合作局面。

2020年以来，在新冠疫情冲击下，中日贸易逆势增长，自2018年以来连续4年保持3 000亿美元规模。这既体现了中日经济关系的强韧性，也反映出日本经济对中国的依存度上升。面对复杂外部环境，进一步加强中日经贸合作既有利于日本实现经济复苏，也有利于推动中国经济实现高质量发展。

2022年1月1日，《区域全面经济伙伴关系协定》（RCEP）对已批准

生效的中、日等多个成员国生效。全球第二和第三大经济体首次达成了自贸减税安排，实现了历史性突破，有利于共同维护和强化以各项规则为基础的多边贸易体制，也将进一步促进中日经贸关系的发展。

2022年7月底中国日本商会发布的《中国经济与日本企业2022年白皮书》显示，在华日资企业2021年度的业绩有明显提高，不仅超过疫情前水平，还达到历史最高水平。截至2022年9月，日本累计对华投资5.5万家企业，实际投资额达1 267.2亿美元，在中国利用外资国家排名中居第二位。上述结果充分说明，中日经济合作关系底蕴深厚，多数日本主要企业继续在中国拓展市场的意愿没有减弱，且存在继续改善、升级的可能。

2021年，中日贸易总额达3 714亿美元，同比增长17.1%。其中，中国对日出口1 658.5亿美元，同比增长16.3%，自日进口2 055.5亿美元，同比增长17.7%。日本仍稳居东盟、欧盟、美国之后，为中国第四大贸易伙伴；按国别排名，日本是中国第二大贸易伙伴国、第二大出口对象国和第一大进口来源国。而中国则连续15年为日本第一大贸易伙伴国。2022年1—9月，中日贸易总额为2 707.4亿美元。其中，我国对日出口1 295.2亿美元，同比增长6.5%；自日进口1 412.2亿美元，减少7.6%。

值得特别强调的是，通过RCEP中国与日本建立了自贸关系，这是我国实施自由贸易区战略取得的重大突破。2022年上半年，根据中国贸促会统计，从RCEP证书出口目的国看，日本连续6个月排名首位，说明RCEP的实施对我国对日本的出口拉动效应显著、潜力巨大。同时随着中日两国相互降低关税，有望直接惠及广大消费者，也有助于不断深化中日两国在多领域的全方位合作。

中日邦交正常化50年来，作为世界第二与第三大经济体，两国间

"全方位、宽领域、多层次"的经贸合作已形成了互补、互惠、互利的伙伴关系。同为世界主要经济体，两国经济深度融合、紧密依存，这一合作共赢的结果，双方应当倍加珍惜。两国应抓住机遇、相向而行，以中日邦交正常化50周年为里程碑和新起点，继续深化务实合作，探索协作互利共赢的新路径。

二、中日经贸及东北对日经济合作前景展望

党的二十大报告提出要"推动东北全面振兴取得新突破。"这是对东北的殷切期望，也是我们的努力方向。近日，国家发改委、商务部等部门印发《关于以制造业为重点促进外资扩增量稳存量提质量的若干政策措施》，旨在贯彻落实党中央、国务院关于稳外资的决策部署，推动利用外资高质量发展。根据党中央的要求，我们需要用高水平对外开放进一步激活东北经济，更大规模地引进外资、技术和管理经验，调整和优化产业结构，将东北的企业推向国际市场，增强国际竞争力；同时还建议不断推进政府行政管理体制改革，进一步优化审批流程，提高服务水平，形成国际化、市场化、法治化的投资环境。

东北地区特别是辽宁与日本地理相近、经济相融、人文相通，双方企业交流合作密切。截至2021年年底，日本累计在辽投资7 900余家企业。着眼于"下一个50年"，越来越多的日本企业仍然看好中国经济长期增长和稳定发展，愿意在中国投资和耕耘，搭上中国发展快车，分享中国发展红利与机遇。东北地区特别是辽宁应积极把握RCEP生效等利好，重温初心、相向而行，更加积极地扩大与日本在贸易投资、科技创新、绿色低碳、健康养老及第三方市场等领域的务实合作，实现高水平互利共赢。同

时，双方应发挥自身优势，携手推动以下领域的务实合作：

（一）紧抓 RCEP 生效契机，构建面向新时代的中日全方位经贸合作关系

在 RCEP 框架下，中日两国首次达成双边关税减让协议，将有力重塑中日经济合作新格局。RCEP 生效后，两国之间零关税产品覆盖率的大幅提高以及区域累计原产地规则的施行，将有助于进一步扩大两国贸易、投资一体化进程，共同推进区域产业链、供应链的调整重组，使中日两国生产网络更加契合数字经济时代的需要。

RCEP 生效后，在货物贸易领域，日本对华出口成本将大幅降低。在服务贸易领域，中国采取正面清单方式、日本采取负面清单方式承诺开放，日本将进一步开放房地产、金融、运输等部门。在完成过渡期后，86% 的日本出口至中国的产品将享受零关税待遇，同时中国出口至日本的 88% 的产品将享受零关税待遇。

我们相信，随着各 RCEP 成员国，特别是中日两国经济稳定增长带来的有利条件刺激，中日两国企业特别是东北企业可以积极利用 RCEP 的优惠关税措施和贸易便利化措施，不断优化调整亚太产业链、供应链布局，加快自身发展步伐，助力今后一个时期的中日贸易实现稳步增长。

（二）加强科技创新及数字经济等领域的合作

多年来，中日两国在科技创新领域进行了卓有成效的合作，仍有很大潜力。在科技创新领域，两国互有优势，互补性强。特别是在 5G、AI、区块链、大数据、智能机器人、新能源汽车等领域，中日应携手合作，充分发挥两国在新技术转化方面的优势，将新技术以最快速度转化为新产品，推动两国经济发展。

在中日科技创新合作中，数字经济领域的合作潜力巨大。近年来，世

界各国都在利用大数据、物联网、AI等新技术驱动产业升级与跨界融合。日本在IT技术特别是半导体制造设备、电子零部件等硬件方面也拥有强大的技术储备和丰富的知识底蕴。多年来，东北地区特别是大连在数字贸易、电子商务等创新领域涉日合作上有着深厚的基础，双方应抓住机遇，努力推动中日数字经济合作实现新跨越，进一步释放数字经济发展红利。

（三）加大绿色发展领域的合作力度

中日两国都是化石能源进口与消费大国，两国在"碳达峰、碳中和"领域有着巨大的合作潜力和空间。日本在氢能利用、二氧化碳捕集利用和封存、煤电清洁转型等高科技领域具备先进技术和成熟经验，双方可进一步深化在上述领域的技术交流和产业合作。

目前，氢能在日本新能源战略中占据主导地位。中日两国在氢能这一新能源领域合作潜力巨大。在氢能技术研发上，日本比中国起步要早，已经积累了丰富的经验，我们可以借鉴日本的经验和做法，共同推动氢能的开发利用，不断拓展中日在新能源领域合作的深度和广度。在法律法规的制定与落实、技术创新、降低成本、需求挖掘、应用场景多样化等方面，双方均有着广阔的合作空间。

（四）大力推动医疗养老等现代服务业领域合作

根据RCEP，中国将提高日本重点关注的证券金融服务业、老龄人口服务业以及房地产服务业的承诺水平，而日本则就中国重点关注的房地产、金融、运输等服务部门做出了更高水平的开放承诺。

目前，中国65岁以上老龄人口已突破2亿人，占总人口的14.2%，据推算将为医疗康养产业带来上万亿元级的生产和消费市场；日本目前已迈入深度老龄化社会，在医疗健康、养老产业的投资管理、人才培训和项目运营方面有着丰富的经验与技术。着眼后疫情时代，中日双方在医疗健康和养老产业的合作潜力巨大，具备现实的市场需求和广阔的市场前景，必将实现互利共赢。此外，中日双方在金融科技、第三方市场金融合作特别是绿色金融等金融服务业领域也有很大合作潜力。

（五）以地方合作示范区为龙头，积极推动中日地方间的交流与合作

中日两国的地方合作一直走在中日经贸合作的最前沿，目前中日两国友好省县和城市已达250余对，中日地方之间的交往与互利合作对拓宽两国交流渠道、增进民间理解互信发挥了重要的作用，并已成为两国友好交往的重要渠道和平台。在疫情常态化背景下，两国地方友城以线上线下结合等模式积极探索开展交流的新方式，宣传推介自身产业优势、特色产品等，不断深化互利合作，共同推动中日地方互利合作走向深化。

在两国政府支持下建立的北京、上海、大连、苏州、成都、青岛、天津等中日地方合作示范区，是两国地方合作的新框架。这些示范区都是中国最具创新活力、最富投资潜力的地区，拥有开展中日地方合作的旺盛需求、坚实基础和广阔空间。

今后，应继续鼓励和支持中日地方间发挥各自优势，抓住邦交正常化50周年契机，找准自身产业定位，扩大在贸易投资、科技创新、中小企业、农水产品进出口等领域的交流与合作，实现优势互补和共同发展，从地方层面助力"后疫情时代"两国关系行稳致远。

（六）有效扩大两国企业双向投资，积极拓展第三方市场

中日两国应着眼"后疫情时代"，不断改善本国投资环境，进一步开拓市场，从制度和商业习惯上创造良好的营商环境，努力促进中日企业相互投资。

近年来，中日两国通过在东南亚国家等第三国共同实施项目，建立起以项目实施为核心、"直接投资+对外贸易+融资合作"的新模式，开创

"1+1+1>3"的共赢格局。中日两国特别是东北应继续鼓励和支持企业充分发挥自身优势，尽快落实已签订合作项目，在深化基础设施、资源能源、产能和装备制造等传统领域合作的同时，顺应第四次工业革命发展趋势，在智能制造等新兴领域互学互鉴，不断开辟两国在第三方市场合作的新前景。

（七）深入推动两国现代农业、乡村建设合作

日本在农业农村现代化建设方面走在亚洲前列，在体制机制上也有许多我们可以借鉴的地方。双方还可以探讨在动植物检疫、生物育种、观光农业及农机装备、农产品加工及储运等领域的深度合作。此外，两国还应合作拓展"互联网+农业"业态，利用电商平台促进农村产业链供应链升级重塑，以推进两国在现代农业及乡村建设领域取得新的合作成果。

RCEP生效后，除了关税减让，在原产地规则、贸易便利化、服务投资、非关税壁垒等方面均有高水平承诺，为拓展和深化中日农业贸易合作创造了条件。农业贸易企业可结合自身情况和RCEP相关规则进行综合分析和发展战略设计，以充分利用优惠政策。在RCEP框架下，两国还可携手合作，优势互补，共同拓展亚太区域农业合作及农产品贸易，实现互利共赢。

（八）积极参与"后疫情时代"全球经济治理

同为亚洲重要国家和世界主要经济体，中日两国的经贸合作已超越双边层面，对引领区域一体化、推动构建开放性世界经济具有重要影响。双方应广泛参与"后疫情时代"全球经济治理，深化RCEP框架下互利合作，推进中日韩合作提质升级，有效提升东亚地区经济增长潜力，实现地区经济长期稳定增长。

同时，中日两国作为本地区和世界负责任的国家，应积极参与联合

国、世界贸易组织、G20、亚太经合组织等机制合作，积极推动国际经济机构改革、积极参与和推动国际经济协调行动，坚持多边主义、开放包容、互利合作、与时俱进，共同维护正常的国际贸易秩序和环境，在后疫情时代国际秩序和全球经济治理方面发挥更大引领作用。

2022年11月17日，习近平主席在曼谷会见日本首相岸田文雄，双方就稳定和发展双边关系达成五点共识，共同致力于构建契合新时代要求的建设性、稳定的中日关系。

回顾中日关系50年发展历程，日本经济界始终是中日友好的支持者和推动者，经贸合作始终是中日关系的"压舱石"和"推进器"。展望下一个50年，同为全球价值链的深度参与者，中日两国应在RCEP框架下加强合作、联合面对疫情等突发事件可能给全球价值链所带来的冲击等共同课题。

希望两国以中日四个政治文件及领导人重要共识为基础，本着相互尊重、平等对待、合作共赢、高度发展的原则，致力于增强互信、管控分歧，不断深化互利合作、加强人文交往、顺应时代潮流，努力将一个成熟稳定、健康强韧、与时俱进的中日经贸关系带入下一个50年，有效助力东北高水平对外开放。

中日电子信息产业合作与东北振兴发展

庞德良[1]、徐　博[2]
[1]吉林大学日本研究所所长、教授
[2]吉林大学东北亚学院副教授

2022年是中日邦交正常化50周年。中日电子信息产业合作，从无到有，从小到大，因全球价值链分工差异形成了有规模、有质量和有高度的互利合作，有效促进了两国产业升级与结构优化，但中美战略竞争、新冠疫情、俄乌冲突等现实问题正深刻影响着东北亚地缘政治格局，中日关系处在不进则退的关键节点。特别是日本调整国家经济安全政策的行为对全球价值链分工、供应链及产业链布局将产生不同程度的影响，中日两国电子信息产业深度合作将面临诸多不确定性。

一、中日电子信息产业合作的现状与特点

（一）中日电子信息产业合作的现状

1.中日电子信息产业双边贸易稳步增长

日本对华电子信息产业出口额从2019年的3万亿日元增加至2021年的近4万亿日元。日本对华电子信息产业进口额从2019年的5万亿日元升至2021年的6万亿日元。中日电子信息产业自2019年以来双边贸易额呈现稳中有增的态势。

2.中日电子信息产业双边投资以日本对华投资为主

自2019年以来，日本电子信息产业对华投资额占制造业对华投资比例保持在109%以上，2019年投资额为1 092亿日元，2020年为793亿日元，2021年投资额达1 036亿日元，占比达到16.3%。虽然我国电子信息产业对日投资额占制造业对日投资额比重高于日本，但投资额相对较低，这3年中，2021年投资最高，也仅为39亿日元，对日投资波动性较大。

3.日本电子信息产业对华贸易占日本制造业对华贸易比重较高

作为制造业的细分产业，日本电子信息产业对华出口额占制造业对华出口的20%左右，对华电子信息产业进口额占制造业对华进口额的30%左右。

4.中日电子信息产业内贸易模式得以巩固强化

我国对日出口的电话机、通信机、视听设备、半导体部件占对日电子信息产业整体出口的88%以上，日本对华出口的集成电路、半导体部件、电路设备等占对华电子信息产业整体出口的80%以上。也就是说，日本在集成电路、半导体部件等方面具有优势，我国在通信机等终端电子产品领域具有优势，中日电子信息产业合作优势互补较为明显。

（二）中日电子信息产业合作的特点

1.市场驱动力引领

随着中国成为全球最大的电子产品生产国、出口国和消费国，中日电子信息产业合作，从劳动力资源利用型转向市场需求导向型，更多日企通过增加在华销售点以期分享我国超大规模市场、高质量发展与高水平开放的三重红利。

2.产业内贸易加强

加入世贸组织后，随着中国经济的高速增长和发展，日本开始对华转移其国内具有相对优势的产业，特别是知识技术密集型、附加值比较高的电子信息产业对华投资增加较快，产业内贸易成为中日双边贸易的主要形式，实现了由垂直分工向水平分工的跃进，形成了互惠互补、互利共赢的分工合作关系。

3.产业链合作紧密

围绕中国市场，日本企业在中国打造出一条相对独立的"地产地消"（In China For China）型产业链。日企在中国市场投资的回报率远高于其他国家和地区，且中日两国在供应链以及创新合作上的互补性，因此就目前来看，"地产地消"型的日企在中国发展良好，从中国转移出去的意愿很低。

二、中日电子信息产业合作的机遇与挑战

百年未有之大变局下，中日电子信息产业合作的机遇与挑战并存。近10年来我国电子信息产业规模效益稳步增长，创新能力持续增强，企业实力不断提升，新一代电子信息技术与传统产业的深度融合，加速推动我国农业、制造业、服务业转型升级，这为中日两国电子信息产业务实合作提供了重要机遇。同时，电子信息产业作为国民经济的战略性、基础性和先导性产业，已成为大国博弈的重点领域。日本试图参与构建、重塑、筑牢全球电子信息产业的国际分工与利益格局，中日电子信息产业，尤其是半导体、集成电路、量子计算机等尖端、敏感领域的合作愈发受到国际政治因素的影响，合作深度受限成为中日电子信息产业发展面临的现实挑战。

（一）中日电子信息产业合作的机遇

1.新一代信息技术深入发展创造中日合作新契机

"十四五"期间，我国加快推进全产业链数字化、智能化和精准化发

展，这为中日电子信息产业发展与合作提供了战略性的技术支撑与新的推进路径。新一代电子信息技术向其他产业渗透、融合、转变能力最强，占据了第四次工业革命的主导地位。伴随着新一代电子信息技术与传统产业的深度融合，我国在农业、制造业、服务业转型发展方面将会有重大突破性发展，尤其是在高端智能制造方面为中日电子信息产业发展与合作提供了战略性机遇和高水平、高质量的合作平台。

2.中国超大规模市场优势是中日合作的重要机遇

经过40余年的改革开放，中国崛起为世界第二大经济体，具备了超大规模市场优势。首先，中国拥有14亿多人口和4亿多中等收入群体，1.7亿受过高等教育和拥有技能的人力资源、1.5亿市场主体，拥有庞大的人口消费力，这就决定了中国拥有全世界最强大的消费市场。其次，中国是全世界唯一拥有联合国产业分类中所列全部工业门类的国家，拥有全球规模最大、门类最全、配套最完备的制造业体系，成为世界制造业中心，同时又拥有最完备的工业基础设施，具有配套齐全、成本低的综合优势，这决定了世界产品生产与配套都离不开中国的参与和支持。这些超大规模的市场资源和空间，也在很大程度上决定了电子信息产业的发展空间，这为中日电子信息产业合作提供了丰富的应用场景与巨大市场空间。

3.RCEP框架有助于推动中日电子信息产业链深度融合

RCEP的签署达成了中日双边关税减让这一互惠共赢的贸易制度安排，可谓实现了历史性突破。

从贸易看，RCEP下的原产地规则设定了区域累积规则，这能够提升电子信息产业贸易在区域内流动的便利程度，有利于稳定与强化中日电子信息产业供应链。

从投资看，RCEP的投资章节规定各国均采用负面清单方式，对电子信息产业等领域的投资作出较高水平的开放承诺，这将增强中日电子信息产业供应链的韧性，加速中日两国供应链整合。

此外，日本在半导体精细化材料、精密化设备方面极具优势，我国则是全球最大、成长最快的电子信息产业市场，在电子信息产业链中游、下游方面极具竞争优势。因此，中日携手深化RCEP框架，推动RCEP高效实施，有利于打造中日互利互补的经济合作网络，加快实现中日电子信息产业链深度融合，以此促进两国电子信息产业良性循环和高质量发展。

（二）中日电子信息产业合作的挑战

1. 日本参与构建排他性经贸规则不利于中日电子信息产业战略互惠

日本为保持其在电子信息产业技术方面的领先优势，主动参与国际规则构建，积极融入美国主导的全球电子信息产业供应链、价值链、创新链框架中，通过联合英美等西方国家，力图占据全球电子信息产业制高点。

继2019年美日主导修订《瓦森纳协定》，对非成员国出口管控范围扩展到高端光刻机及硅片切研磨技术领域后，日本政府对华电子信息产业合作不断释放审慎性信号。

2020年以来，日美双方联合启动"印太经济框架"、构建日美经济版"2+2"会谈机制、推进"芯片四方联盟"等具有排他性的制度安排，合作范围涉及半导体、量子计算机、移动通信设备等战略性新兴产业，试图建立符合西方大国利益诉求的经贸规则和标准。上述行政干预强调成员国之间进行产业链重构，妄图以"小圈子"规则颠覆WTO多边贸易原则，这将破坏中日现存经贸合作模式，不利于中日电子信息产业深化合作与战略互惠。

2. 日本加快重塑产业链韧性不利于中日电子信息产业链分工合作

为提升产业链弹性、构筑多元分散的产业链体系，2020年，日本政府设立 2 200 亿日元预算，通过财政补贴、行政干预等方式鼓励海外日企回迁本土或向东南亚转移生产基地。经济产业省对包括半导体制造、电子通信设备在内的 48 家回迁本土或分散生产基地的日本电子企业进行了政策补助。短期来看，政府通过设立补助金吸引企业回流的行为对企业形成助力。长期而言，违背市场规律的政府干预不但对中日产业链分工释放出错误信号，导致日本企业误判在华投资风险，还冲击了中日电子信息产业链分工格局。

3. 日本强化经济安全保障政策不利于中日电子信息产业良性竞争

日本政府以立法形式强化本国经济安保，提高外资引进标准，过于强化行政审查制度，扭曲正常化的市场行为，给中日电子信息产业深度合作带来一定阻碍。

2020 年 6 月，日本全面施行修订的《外汇及对外贸易法》以加强对外国投资者向日本国内半导体、集成电路、蓄电池等涉及国家经济安全保障相关产业的出资限制。2022 年 5 月，日本国会通过《经济安全保障推进法案》，旨在降低半导体、电气设备、蓄电池等重要战略物资对外依赖性，防止尖端技术外流，强化供应链韧性，加强关键基础设施审查，并建立供应链审查制度、实施处罚措施。中日企业之间原本可以通过并购重组促进市场竞争，实现产业结构优化与调整，但日本以国家经济安全为由，为合作制造障碍的审查制度，不仅提高海外企业收购、并购日企的难度，而且高昂的违规处罚费阻碍了日企寻求并购重组的意愿。

三、中日电子信息产业合作的前景

中日电子信息产业合作的前景可谓忧喜参半。忧的是，电子信息产业尖端领域的竞争愈加激烈，经济安全泛化问题愈加严峻。经济安全泛化造成了国际合作的经济安全壁垒，破坏了国际经贸合作的市场化发展路径。喜的是，中日电子信息产业合作走过50年，有基础、有成效、也有期待。电子信息产业作为引领工业创新驱动、推动经济发展、促进制造业转型升级的重要引擎，是中日双方重点培育、扶持的对象，合作前景可期。

（一）扩大中日电子信息产业市场开放，深化中日互惠合作

中日两国电子信息产业发展绝不意味着闭门造车、单打独斗，而是应该加强双方政策协调、提高市场开放水平、增加电子信息产业细分领域的务实合作。中日两国政府应因势利导，根据各自产业发展定位、经济社会改革需求、国际分工动态优化以及外部冲击等因素，不断调整电子信息产业合作的重点，引导产业合作方向，扩大利益交汇领域，促进双方电子信息产业升级和制造业数字化、智能化发展。

（二）尊重市场规律，中日携手促进电子信息产业深度合作

中国电子信息产业高质量、高端化跃迁之路是由新时代中国特色社会主义市场经济体制不断完善与发展所决定的，是符合市场规律的。日本国家经济安全保障政策更偏政治性而非经济性，更具单边色彩而非多边合作，这种不符合市场规律的政策将妨碍中日电子信息产业的良性市场竞争与深度合作。因此，回归市场本源，尊重市场规律，才能携手深化两国电子信息产业合作。

（三）推动中日电子信息产业合作由传统制造向智能制造层面延伸和扩展

新旧动能转换、数字经济转型发展背景下，新一代电子信息技术不断为传统产业赋能，中日两国电子信息产业合作必然由传统制造延伸至智能制造层面。

一是中日蓄电池领域合作不断推进。日本凭借精密制造工艺与传统电子信息产业优势，在蓄电池电子元器件领域长期居全球领先地位，尤其是大型固态电池、车载动力电池方面极具竞争优势。我国起步虽晚，但凭借低成本优势、创新实力，已成为全球锂离子电池第一大技术来源国，专利申请量占全球锂电池专利申请总量的40.7%。基于中日比较优势，两国有望在固态锂电池技术研发、蓄电池回收利用等领域开展深度合作。

二是中日新能源汽车芯片合作日益增加。我国新能源汽车发展主攻纯电动汽车方向，已基本攻克动力电池、驱动电机、整车控制系统等电动化关键核心技术，但新能源汽车智能化所需的模拟半导体、功率半导体等尖端电子信息产品对外依赖性较强。日本则擅长研发混合动力电动汽车，在功率半导体及车载半导体等细分领域实力雄厚。随着日本丰田、瑞萨电子利用两国新能源汽车互补优势积极在华开展业务，越来越多日企选择同中国合作，新能源汽车零部件及车载半导体领域的合作成为中日利益交融的一个增长点。

三是中日尖端医疗电子设备合作取得进展。日本作为传统机械电子工业强国，医疗健康设备领域具有全球竞争优势。近年来，我国科技自主创新能力持续提升，不断突破尖端电子医疗器械关键核心技术，高端医疗器械自主知识产权数量持续增加。目前，我国已成为全球第三个掌握高端磁共振全部核心技术和整机制造技术的国家。

"十四五"期间，我国将迈入深度老龄化阶段，日本成熟的设备系统、先进的医疗器械与中国庞大的医疗健康和养老护理市场需求相结合，为中日两国深度合作提供了新契机。两国在老龄化社会所需智能医疗设备领域的高质量合作有望更加紧密。

四、凝聚产业优势，推动东北地区中日电子信息产业高水平合作

长春、沈阳、大连是日本企业布局东北的重点地区，这些地区与日本保持了良好、紧密的经济合作关系。

（一）长春"芯、光、星、车、网"千亿级产业新高地孕育新机遇

《吉林省工业发展"十四五"规划》中提出：以打造光电信息千亿级产业高地为目标，以光电子、汽车电子、新型元器件为基础，做大电子信息制造业。一汽新能源汽车产业基础雄厚，日本瑞萨电子与中国一汽围绕功率半导体、模拟半导体、系统级芯片展开深度合作，新能源汽车与汽车自动驾驶技术有望取得新突破。

（二）沈阳数控机床等高端装备制造业、机器人及尖端医疗产业基础雄厚

高端装备制造业是日本在辽投资合作的重要领域。沈阳围绕数字经济、高端装备制造、健康养老等众多产业，不断推动与日本企业开展深层次、宽领域的交流合作，实现了高水平互利共赢。

（三）大连区位优势明显，具有完备的产业基础

日本是大连最大贸易伙伴。松下、东芝、索尼、日立等日本知名企业在大连投资，合作范围涵盖先进制造、电子信息等多个领域。大连已形成以集成电路、新能源、新材料等新兴产业为先导，以电子信息及软件、装备制造、造船等重点产业为支撑的新型工业体系，具备较强的对接日本产业合作的能力。

未来，应凝聚长、沈、大"三点一线"的优势产业资源，将长、沈、大建设成加快推进全国统一大市场的排头兵，畅通国内大循环，进一步提

升国际经济大循环质量，推动和深化中日电子信息产业高水平合作，发挥"1+1+1>3"的产业互补、协同与合力优势，促进东北产业振兴与经济高质量发展。

东北地区在中韩经济合作中的地位及其合作要点

中国东北振兴研究院副院长、东北大学教授

党中央要求东北"打造对外开放新前沿",新前沿就在东北亚,但东北亚怎么取得突破?现在RCEP已经在东南亚取得突破,当然东北亚国家也有份,但东北亚FTA谈判很难,尤其是日本的政治态度受到一些美国因素的影响,使东北亚的局面很难打开。东北亚的局面打不开,东北就没有好的开放环境。东北对外开放的突破口在哪里?我们认为应该有一个"牛鼻子",抓住这个"牛鼻子",集中力量在一个地方,比如通常说"深耕日韩",能不能连"深耕日韩"也先放弃,就是"深耕韩国"。有没有这样的可能性?有没有机制能达到这样的效果?

一、中韩深化在东北地区合作具有现实基础

（一）解决区域发展不平衡问题的需要

从中国来看,解决区域发展不平衡问题是很现实的需要,是高质量发展中提出的重要问题。党的二十大提出"以中国式现代化全面推进中华民族伟大复兴",就中国未来的发展、现代化国家建设已经做出安排,中国经济将在高质量发展、绿色生态、数字化创新、国内国际双循环、共同富

裕道路上继续前行。但我们仍然面临疫情干扰、增长动力不足、产业链安全、发展不平衡等问题。尤其是区域发展不平衡问题，打开东北亚开放局面是一种现实需要。

（二）统筹安全、发展与统一的需要

从韩国来看，韩国总统尹锡悦就职以来，正在尝试确定新的发展政策和外交政策，政策的不稳定实际上说明韩国的现代化尚未彻底完成。概括起来韩国主要有三个问题：国家安全，经济发展，南北统一。现在三个问题是分别安排，安全靠美国，经济靠中国，统一政策摇摆不定。如何将安全、发展、统一这三个问题通盘考虑，需要做出长远战略安排。这些问题可能跟韩国与中国东北地区的深化合作有着密切关系，所以韩国也有这样的现实需要。

（三）对国家现代化的共同追求是中韩合作的精神基础

中国和韩国都是亚洲后发展国家，都在努力使自己的国家成为现代化的国家。两国过去都有屈辱的历史，步入现代化进程时间不长，都有短板需要克服，都需要坚强的意志作用。

韩国有大国梦，经历了1988年汉城奥运会，1997年抗击金融危机，到2020年韩国GDP位居全球第10名，逐渐成为世界舞台的重要角色。在发展中韩关系方面，韩国也多次表现出主动姿态。中国有强国梦。改革开放以来，中国在现代化道路上取得迅速进展，经济总量排名全球第二，十四五规划提出到2035年基本建成现代化国家，到2050年建成现代化强国。除了地理上接近、文化上相似之外，中韩两国在现代化道路上的相互理解、相互支持，成为中韩之间合作的精神基础，也是中韩成为长期稳定合作伙伴的基础。

（四）东北的重要性

中国东北地区战略位置十分重要，地理上处于东北亚核心地区，在历史上起到的作用非常巨大。目前经济发展处于低潮，但是有很好的发展潜力。从长远考虑，这一地区将是未来迎接东北亚变局的主要区域，加强在这一地区的合作，对中韩双方都具有重要战略意义。特别对韩国，是将安全、发展、统一问题通盘考虑的战略选择。

所以，在这个地区友好的合作对双方来说都有重要战略意义，对韩国是这样，对中国也是这样。有好的环境，东北亚就会有很大的稳定性。我们经常跟韩国朋友讲中国重不重要，中朝边境长 1 420 千米，朝韩非军事区三八线长 250 千米，俄罗斯与朝鲜的边界长 17 千米，在安全上的重要性毋庸置疑，包括现成的口岸、铁路、公路都是非常重要的。

如果深化合作，我们能给对方什么，双方能得到什么？从韩国角度来看，可能要深化有实质性的内容。比如"一带一路"基础设施，开放让它加入进来；还有一些重点地区的合作，让它来主导或者是将多边国际合作变成中韩两家主导，让中韩主导形成一个新机制。韩国可以得到通往欧洲的陆路通道，这对韩国来讲很重要，尤其是对将来的开放更为重要。如果韩国参与中国"一带一路"构建，包括对其他区域以及应对朝鲜半岛的变局，可能会有先手棋的意义。

东北也是这样，好的开放环境具有重要的战略意义。通过深耕韩国可以突破开放的局限，一方面在东北亚形成相对稳定的发展环境，这对所有东北亚国家都具有重要性；另一方面东北这个相对不发达的地区也可以得到好的开放环境。

二、中韩深化合作需要新机制

都知道东北重要，但合作不来怎么办？有什么办法能够形成双方共赢的局面？有什么样的新机制？从实际来看，东北亚各国都有自己的区域战略，韩国原来有"新北方"政策，还有"东亚铁路一体化"等这些措施。尹锡悦总统上台后，原来很多政策实际都没有落实，韩国本身也需要一种机制，扩大这些方案在东北亚的影响，如"构建欧亚大陆桥"等政策，如果不与中国合作是做不到的，始终是悬在空中的设想。

我们可能需要主动行动去跟韩国合作，需要一个什么样的机制，能够让韩国主动地采取措施与中国相向而行，共同在东北亚形成合作共赢的小气候？我们观察，韩国现在经济上主要依赖中国，但它实际上最担心的问题还是安全问题。韩国历届总统都对安全问题特别敏感，甚至有一点进展就感觉是很大的成绩。所以我们要注意到韩国实际上对安全的关切要远远超过经济合作。中国在半岛安全问题上是持开放态度的，比如韩国2021年开始推动终战协议，虽然没有成功，但得到了中国的响应，说明中国对安全问题是持合作态度的，需要双方相对密切的合作。

我们是否可以把安全合作和经济合作结合起来形成一个新的机制，以安全互信促进经济合作？安全互信是双方的，以增进双方安全信任为基础，提升互信程度，创造良好的合作环境和氛围。还包括一些小机制，比如由中国单独对朝、韩适当改变为中国共同对朝韩，类似这样的都可以去探讨，总体来说要有安全和经济结合的机制，以安全互信来促进经济合作的机制。

三、中韩两国在东北地区深化经济合作的要点

（一）"十四五"期间东北对外开放形势

"十四五"期间，东北对外开放会有很多新的突破，比如说打造辽宁沿海经济带、建设长吉图开发开放先导区、提升哈尔滨对俄合作开放能级等这些国家支持的东北亚开放战略。韩国能用得上的是滨海2号和滨海1号，这是将来韩国向欧洲的陆路出口，如果韩国加入进来，甚至还可以有第三个方案选择。这些国际大通道，包括"辽满欧"和它现在走的两条水路，我们已经在建这些基础设施，让它加入进来就可以，不是另起炉灶，这对东北的开放形势是有利的。吉林主要是"滨海2号"，黑龙江是"滨海1号"，这两条国际大通道，再加上辽宁的"辽海欧"，都是我们国际大通道方面的一些措施，可以让它们加入进来。

（二）东北合作要点

中韩在东北地区的合作要综合考虑，要以相互之间的发展、安全以及应对突发形势为目标，不是单纯以经济利益为导向的合作。类似于政府主导吸引企业加入的这种合作，半官方半民间的方式。建议中韩双方将韩国发展战略与中国东北振兴战略深度结合，吸引韩企深度参与东北振兴的进程。以参与"一带一路"基础设施建设为先导，以长春、大连等中心城市为重点，以产业合作为载体，深化双方在东北地区的合作。

东北深度合作方案包括：一是韩方参与"一带一路"基础设施建设，形成衔接朝鲜半岛与中国陆路联通的国际大通道；二是以长春、大连、沈阳等中心城市为重点形成对韩重点合作区域布局；三是以东北东部图们江—鸭绿江流域为次区域合作对象，做好长期准备；四是以产业链安全、高

科技产业、农业、现代服务业为载体，开展有重点的长期合作。

1.韩方参与"一带一路"基础设施建设，延伸国际货运通道

基础设施方面，如果韩国加入进来会有很多选择，将来韩国货物陆路运输走哪条路线？现在朝鲜受联合国制裁，陆路是不通的，但是如果制裁放宽的话，过境贸易有个选择的问题。原来的计划是选择走釜山-海参崴-纳霍德卡港-绥芬河-哈尔滨-满洲里-俄罗斯铁路，就是"滨海1号"路，实际上是很远的。"滨海2号"走的是珲春。这两条路线都涉及要先用船把货运到俄罗斯，再装车运到中国绥芬河或者是珲春，再通过走满洲里到俄罗斯或是走阿尔山到蒙古国，然后再往俄罗斯走。

实际上这两条路线从成本来看都不是特别理想，如果韩国加入进来的话，实际上可以有更多选择。我们在两条滨海路之间还有一种选择，对韩国来讲更方便，对我们也很便利，就是不走丹东，而是走江界、集安，然后到长春，局面一下就打开了。这样韩朝的国际贸易大通道，或者"一带一路"的大通道就连接起来了。这不是临时的连接，应该有个规划，将来要新修一条路。

2.以长春为核心，深度参与长吉图开发方面的合作

区域合作有两个要点，一个长春，另一个是大连。长春主要是"长吉图开发开放先导区"，已经搞了30多年了，但目前没有达到理想的效果。从地理上来看，图们江流域很狭窄，不太适合大规模开发，成本很高，加之政治情况复杂，出海口很难突破，看似简单但涉及很多问题。这其实需要一个新机制，就是开发重点不在图们江流域，而是在长春；不在延边，而是在吉林的中心。以前是五国主导，但有的没有钱，有的没有积极性，有的还有政治上的考虑，不如变成一个小机制，让中国和韩国两家来主导，建立中韩紧密合作的小范围合作新机制，再结合基础设施建设和地方

产业园等，这样就可能搞起来。

3.深化与大连的合作，将大连和长春一样作为合作重点

大连是要以开放为主要动力来发展的，沈阳是要靠规模经济来促进发展的，近年来这样的路子越来越清晰。大连深耕与韩国的合作是有很多条件的，尤其是大连服务业是很有发展前途的。

4.加大中韩产业交流与合作力度

东北地区在钢铁、石化、汽车、农业、体育等方面都具有一定优势，与韩国企业具有很好的合作基础，尤其是农业，在农业组织模式和农业技术上都可以大有作为。目前的东北地区营商环境已经大有改善，土地价格和成本已经形成投资洼地，韩国的高科技产业（半导体、机器人、网络通信、生物技术等）也具有投资条件。

5.围绕东北东部的合作

最后是围绕东北东部的次区域合作，国家发改委发布了《东北东部经济带发展规划》，涉及东北东部14个城市，从大连一直到黑龙江中部，范围很广，涉及韩国朝鲜的主要是辽宁3个市和吉林3个市，这里可以适当发展劳动密集型产业。这个次区域合作不是主力，但也可以去做，尤其是可以形成中韩朝合作的氛围。

这是一个设想，能不能实现大家一起来思考。整体来看，中韩合作符合两国的根本利益，需要下决心来做才能有所突破。对于韩国来说，任何涉及朝鲜半岛的计划都很难实现，反而是中韩之间的经济合作没有太多限制，就是下决心的问题。所以从东北地区的合作做起，也许是解决半岛难题的一把钥匙。当然对中国东北地区来说，抓住对韩深化合作这个"牛鼻子"，也许会打开我们向北开放的一个新局面。

RCEP对东北亚区域经济合作的影响与对策思考

王厚双
辽宁大学辽宁自贸研究院院长、教授

自近代以来，特别是第二次世界大战后，东北亚地区一直是域内外各种矛盾缠结不清的地区，是世界各大政治力量、军事力量等角逐的焦点地区之一。然而，东北亚地区自然资源极为丰富，不同社会制度的国家、不同经济技术发展水平的国家共存于东北亚地区。根据区域经济一体化的理论与实践，区域经济合作一旦能够突破内外阻力顺利展开，其静态效应（贸易创造和贸易转移效应、投资创造和投资转移效应等）和动态效应（规模经济效应、不完全竞争效应、成本降低效应、本国市场效应）等传统收益巨大，其非传统收益（保险效应、议价能力效应、政策连续性效应、信号传递效应、协调一致机制效应和安全效应等）更为突出。因此，东北亚区域经济合作一旦能够突破瓶颈、实行制度性合作，将会给对东北亚地区各国以至为整个世界带来丰厚的传统收益和非传统收益。

然而，虽然东北亚地区各国对东北亚区域经济合作的前景都极为看好，但其步履是非常艰难的。比如在20世纪60年代日本提出环日本海区域经济合作、环黄渤海地区经济合作等设想，特别是2009年日本民主党上台时提出了构建东亚共同体设想，后来自民党也在推动所谓的东亚共同体合作。中国对东北亚区域经济合作也极为热情，提出了一系列相关合作的设想或模式。韩国提出了北向政策、阳光政策等，都希望积极推动东北亚合作。但东北亚区域经济合作一直没有大的起色，特别是制度性合作更是步履艰难，即使1991年联合国开发计划署在图们江区域发起了跨国合作，也是实质性的合作进展甚微。

在百年未有之大变局的大背景下，在纷繁复杂的国际政治经济环境之下，如何推进东北亚区域经济合作是值得东北亚地区各国共同深入思考的大问题。

一、RCEP给东北亚区域经济合作带来的重大机遇

（一）RCEP给中国打造对外开放新格局带来的重大机遇

1.在实施双循环战略大背景下中国的对外开放政策的不可逆

在百年未有之大变局的大背景下，在纷繁复杂的国际政治经济环境之下，中国推出了"双循环战略"。对此，人们对中国实施"双循环战略"后对外开放政策是否有大调整、大改变，甚至逆转产生了疑问。而中国积极参与RCEP谈判推动RCEP的签署与生效，对这种疑问给出了非常明确的回答：中国实施"双循环战略"后对外开放的大门不但不会关闭，反而会越开越大。因为，RCEP协议中有个重要规则叫"棘轮"承诺规则——就是在RCEP谈判和协定中做出的如关税减让、服务业开放、投资规则制定、负面清单、正面清单等承诺，一旦做出就不能后退，只能向前。所以，RCEP的签署与生效，表明在实施"双循环战略"的背景之下，中国对外开放的车轮只能是滚滚向前，不会倒退。RCEP的签署与生效将会给推进东北亚区域经济合作带来重要政策保障。

2.有利于中国构建面向全球的高标准FTA网络

如果从1991年加入亚太经济合作组织（APEC）算起，至今中国构建面向全球的高标准FTA网络已有30多年的历史。其主要经历了起步期、构想期、战略目标期三个阶段。目前中国已初步构建起了以亚洲为中心特别是以东亚为中心的全球FTA网络，并存在FTA发展模式多样化、由小型双边向双边和多边巨型FTA转变、构建面向全球的FTA网络逐渐向高标准化靠拢等特点。虽然中国构建面向全球的高标准FTA网络已取得了快速进展，但仍存在着FTA伙伴的覆盖面有待进一步全面拓宽；FTA谈判进展相对缓慢，内容有待丰富，谈判标准有待提高；仍局限于以获取"传统收益"为主，对"非传统收益"和"国际经贸规则重构收益"的获取严重不足和中国尚未成为面向全球的高标准FTA网络的轮轴国等问题。RCEP的签署与生效，是推进中国构建面向全球的FTA网络的重大突破。

RCEP的签署与生效，打破了中国与主要贸易伙伴之间签订FTA数量较少的情况。中国现在签署的FTA协定，大部分都是与发展中国家签订的，对中国经济的发展有影响力，但与期望值仍有相当大差距。在全球FTA网络中占据"核心节点"或者主导地位的，比如美国等都没有与中国签署FTA协定，与中国关系比较密切的、社会制度比较相同的俄罗斯、越南之间也没有建立FTA关系，所以FTA的覆盖率是比较低的。这种情况使中国构建面向全球的高标准FTA网络还有很多工作要做，RCEP的生效为这些工作的进一步拓展带来很大推动力。

（二）有利于打破美西方对我国全方位"脱钩""断链""去中国化"的图谋

最近几年形势非常严峻，在2018年11月，美国、加拿大、墨西哥重谈北美自由贸易协定，签订《美墨加三国协议》，设置了"毒丸"条款，即三方伙伴国中任一国如打算与其他非市场经济国家开展自由贸易协定的谈判，必须提前3个月将此意图告知其他伙伴国。如果三方中任一国与其他非市场经济国家达成自由贸易谈判并已签署相关自由贸易协定，那么，其他伙伴国有权提前6个月通知缔约国终止《美墨加三国协议》，并以它们两国的双边贸易协定取其代之。

这一"毒丸条款"的实质在于美国以要挟的手段，不但要排除中国参与其主导的FTA，而且还要阻止与其签订FTA的国家与中国建立FTA，以此将中国排除在全球价值链、区域价值链之外，实现其在世界范围内推行"去中国化"的图谋。

RCEP的签署与生效为我国打破美西方对我国全方位"脱钩""断链""去中国化"的图谋提供了"根据地"和"大后方"。有了RCEP这一平台，即使是中国最终加入不了CPTPP，也可以借助RCEP这一平台保持与日韩之间较为畅通的经贸关系，从而弱化美国利用CPTPP或在印太地区"另起炉灶"来排挤中国的风险。

（三）RCEP生效的"红利"所带来的发展机遇

RCEP生效的"红利"，将提升东北亚区域经济合作的凝聚力和辐射力。据测算，如果RCEP成员国之间关税下降90%，中国的福利将增加0.41%，其他成员国福利将提升0.41%~4.31%；如果实现零关税，中国的福利将增加0.82%，其他成员国福利将提高0.46%~5.15%。到2035年，中国、东盟和日本经济福利较基准情景分别累计增加996亿美元、549亿美元和512亿美元。东北亚虽然是各种矛盾聚集的地方，但是由于相互之间的经济互补性非常强，RCEP带来的"红利"能够进一步推动东北亚区经济合作。

二、RCEP给东北亚区域经济合作带来的诸多挑战

（一）产业链转移带来的挑战

党的二十大报告指出，我国发展进入战略机遇和风险挑战并存、不确定难预料因素增多的时期，各种"黑天鹅""灰犀牛"事件随时可能发生。我们必须增强忧患意识，坚持底线思维，做到居安思危、未雨绸缪，准备经受风高浪急甚至惊涛骇浪的重大考验。这个判断是非常有根据的，从美国的情况来看，美国为了打压中国的快速崛起，加速与中国"断链""脱钩""去中国化"的步伐，从2018年以来发布的国防战略报告，以及各种对华有关的政府咨询报告都明确说明了这一点。

2021年6月，美国拜登政府发布《建立弹性供应链、振兴美国制造业和促进广泛增长》报告，认定美国在半导体制造及封装、电动汽车电池、稀土等关键矿产及其他战略原材料、药品和活性药物成分等4个关键供应链存在漏洞和风险，强调美国必须修补关键供应链漏洞，夯实长期产业基础。2022年5月，拜登政府还宣布启动"印太经济框架"并于8月签署通过了《2022年芯片与科学法案》。前者既要对中国进行全面围堵，更要强化在产业链方面与中国"断链"；后者则着重强调在高科技领域既要对中国进行全面围堵，更要强化与中国"脱钩"。按照美国国务卿所说，美国既要建小院高墙，也要建大院高墙，实施联盟发展对抗中国，加速"去中国化"的步伐。

美国是想以联盟的方式快速地推动"去中国化"的战略，在这种情况下，欧盟也是连续跟进，2019年发布了相关的报告，把中国定义为系统的竞争对手。2021年9月，《新欧中战略报告》也是把中国定位为主要的

防范对象和竞争对手，而且在全球范围内，欧盟的做法也是相对比较紧一些。

除了美国带头、欧盟紧跟之外，印度也在加速和中国的"断链""脱钩"。根据掌握的材料，印度在跟随美国步伐方面做得非常细致，是一种全政府、全社会的系统化行为，目标非常明确，比如说限制中国产品如抖音等各种APP。

日本的动向可能更明显，一是从保障国家经济安全的高度设立专门机构负责供应链安全重构工作；二是推进"中国+1"的供应链分散战略，实际上在安倍2012年第二次上台的时候，安倍已经在推进"中国+1"的供应链分散战略，"中国+1"是指日本企业要在中国设一个企业，必须在中国以外再设另外一个企业；三是推动将高科技产业链搬迁回日本国内；四是深化与以东南亚为核心的亚洲国家在供应链领域的合作，要把与中国有关的产业链等，逐渐往以东南亚国家为核心的国家转移。20世纪50年代以后，日本通过"雁形模式"与东南亚国家之间形成的生产网络比较密切，有非常好的基础，把中国的产业链或者企业搬到东南亚有可能强化这方面战略实施的效果。2021年，我在《现代日本经济》（第1期）发表了一篇《后疫情·后安倍时代的中日经济关系笔谈》的文章，提出安倍上台后中日关系是冰冻时期，由于特朗普上台初期与中国关系还不错，2017年至2018年中日关系较为温和。但随着美国对中国实施全面贸易战打压以后，日本马上跟进，特别是菅义伟、岸田文雄上台以后，对中国的关系又重新进入冰冻期，甚至可能冰冻得更厉害，岸田制定的国防战略是要瞄准中国的军事指挥部，对中国要进行导弹袭击等。在这种情况下，日本又积极推动了由中国占有重要地位的RCEP的签署与生效，可以看出日本的想法并不简单，通过RCEP的签署与生效进一步稳固以东盟为核心的东南业国家和亚太地区国家的合作关系，这是战略层级的不同；五是依托IPEF构建日美澳印供应链；六是强化外资审查，比如在高新技术方面对华投资要限制，中国对日投资、股权投资，包括中国留学生在比较敏感的关键技术领域学习也要进行严格控制。

（二）服务贸易与更加严格的知识产权保护带来的挑战

RCEP签署生效以后，对东北亚合作带来重大挑战的还有服务业。中国服务业总体发展水平不高，我国是第一货物贸易大国，顺差较多。但在服务贸易方面一直处于逆差状态，这种挑战更为明显。还有知识产权方面，虽然RCEP知识产权的相关规定没有CPTTP的相关规定严格，但它比中国和其他国家签订的自贸协定中的相关规定更严格，这方面的挑战也不可小觑。

三、抢抓RCEP带来的机遇、应对RCEP带来的挑战的对策思考

（一）既要重视获取更多的早期"红利"，更要获取更大的、可持续的战略性的"红利"

根据国家的战略部署，要用好用实RCEP的相关规则。2021年11月15日，RCEP签署后，国务院多次召开相关会议进行相关部署，RCEP是突破西方围堵、打造面向东北亚开放战略窗口的重要依托。2019年习近平总书记在中央经济工作会议中提出，东北地区要面向东北亚"打造对外开放新前沿"，所以既要获得眼前的"红利"，也要获得持续的战略性"红利"。

（二）以制度型开放为方向、以服务业开放为重点，为国家获取国际经贸规则制定的主导权"试制度"、出"经验"，为推进中日韩FTA谈

判、加入CPTPP打造"试验田"，全方位地打造对外开放新前沿

中国改革开放40多年，原来主要是市场的开放、要素的开放、产业的开放，现在主要是制度型开放。制度型开放主要是围绕服务业的准入准营等方面进行开放。如文化产业开放、医疗教育产业开放都涉及意识形态相关问题，需要大的战略部署。一旦能够做好的话，将大力推进东北亚区域经济合作。

（三）以战略性的思维推出一系列战略性的举措，既要以此争取国家更多的政策支持，更要为国家打造对外开放新前沿做出引领性的贡献

我非常赞成李凯教授提出的，能不能把韩国作为中国推动东北亚区域经济合作、打造对外开放新前沿的突破口或是支撑点的观点。日本跟随美国的步伐比较紧，但韩国跟随美国的步伐没有日本那么紧。比如拜登政府搞芯片联盟的时候，韩国对美国的做法不是特别积极，因为韩国芯片产业、电子信息产业等在中国动作比较大、投资也比较多，一旦加入拜登的芯片联盟，有可能对韩国与中国的相关合作带来不利影响，所以韩国外长马上和中国外长在青岛进行会晤，解释其不得不参与联盟，由于其政策和独特的利益，求得中国的谅解。

（四）以战略性的思维高质量地建设一批战略性的对外开放平台

既要有突破口，也要打造一系列的对外开放平台，这非常重要。大连已经建立RCEP（大连）国际商务区，实际上东北地区特别是辽宁与日韩之间合作非常密切，基础非常不错，如果能够借助RCEP推动与日韩之间的合作特别是与韩国之间的合作，将对进一步拉动东北亚制度性合作带来更大的效益。

最近几个月，韩国对华投资增长速度超过100%，欧盟对华投资速度也在加快，日本对华投资也在增加，但要站在东北地区看的话，没有那么

乐观。具体来看，从2017年至今，日本在辽宁地区投资建立的企业有7 927家，现在只剩下1 927家，少了6 000家；韩国在辽宁投资建立的企业是11 000多家，现在只剩下了1 326家。日韩对中国这个庞大的市场，无论美国在背后如何挑动、怂恿或是蛊惑，它们的国家利益非常明确。在对华投资过程或是战略设计方面，它们也在做区位战略的调整，从刚才的数字可以看到，日韩对东北的投资是撤资的趋势，从2017年至今，不到5年时间，日资撤走了6 000家企业，韩资撤走了近万家企业。从这个角度来讲，东北地区面向东北亚开放或者面向日韩之间的合作，要有新的思维。从习近平总书记和岸田文雄近期会面时，发表的五点共识也可以看到，日本对华投资总体来讲不是以制造业和高科技为主，主要是在环保、养老等非高技术领域合作，从这个角度来讲，还需要在这方面做更多工作。

庞德良教授也提到，以电子信息产业为例是喜忧参半的，我觉得还是比较乐观。按照日本跟随美国的步伐，从高科技领域、关键技术领域参与国家安全的角度，或者从政治利益比经济利益更主要的角度去思考，在高科技领域之间的合作、产业链供应链方面的合作可能面临更大的挑战。需要突破传统的经贸合作思维，在产业链供应链方面推进与日本之间的合作，需要做的工作也非常多，进一步优化东北地区包括辽宁在内的营商环境可能是个重要选项。

第四篇

产业转型升级与高质量发展

广东产业高质量发展的问题探讨

胡 军
中国工业经济学会副会长、暨南大学原校长、教授

　　虽然广东经历了3年的疫情以及复杂多变的外部环境，但各产业发展稳中向好，高质量发展迈出坚定步伐。2022年GDP总量约占全国的1/10，接近西北五省加上东北三省经济总量之和，远超俄罗斯、韩国等国家。工业总产值位居各大省份之首，工业增加值4.5万亿元，居全国第一。外贸突破8万亿元，约占全国的1/5，连续36年位居全国第一，超过了英国、澳大利亚、印度、新加坡等国家。在税收和养老金转移上，广东的贡献也较为突出。尽管如此，特别是面对新的发展格局，面对高质量发展要求，广东既面临着新的发展机遇，也面临着许多新的挑战。

一、当前广东产业发展的主要特征

（一）三次产业发展平稳，产业动能加速释放

　　2021年，广东经济发展形势持续向好，产业结构不断优化，全年地区生产总值达12.44万亿元，连续33年居全国首位。

　　第一产业发展总体平稳，农产品市场供应畅通。第二产业比重开始回升，制造业高端化趋势进一步显现，主要是新能源汽车、生物医药、工业

机器人等行业发展比较迅速。第三产业新动能加快释放，新业态蓬勃发展，信息传输和软件业、交通运输仓储邮政业，特别是以"互联网+"为标志的现代服务业新动能在持续增强。

2021年广东、浙江、江苏、山东四省三次产业增加值的情况对比如图1所示。

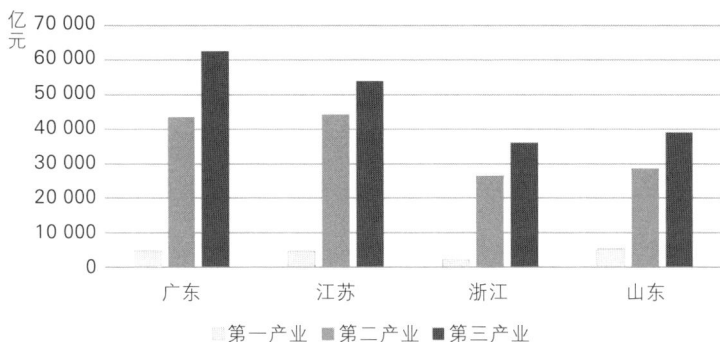

图1　2021年广东、江苏、浙江、山东三次产业增加值对比

2016—2021年广东省高技术制造业、先进制造业发展的情况如图2所示。可以看到，先进制造业的比重还是比较大的。

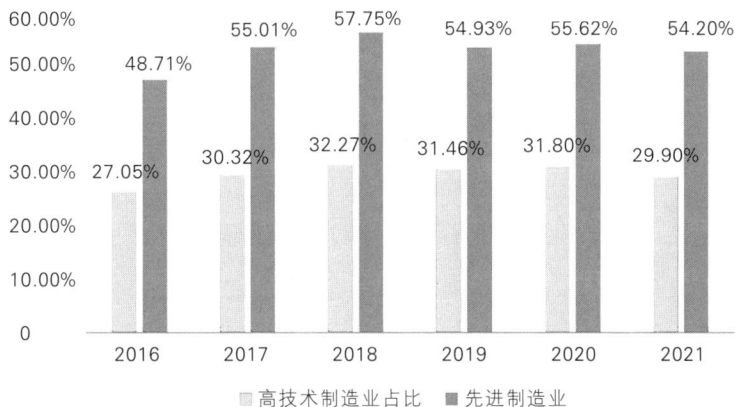

图2　2016—2021年广东省高技术制造业和先进制造业增加值占比

在整个产品结构中，新能源汽车、新能源、先进设备制造产品发展比较快，如图 3 所示。

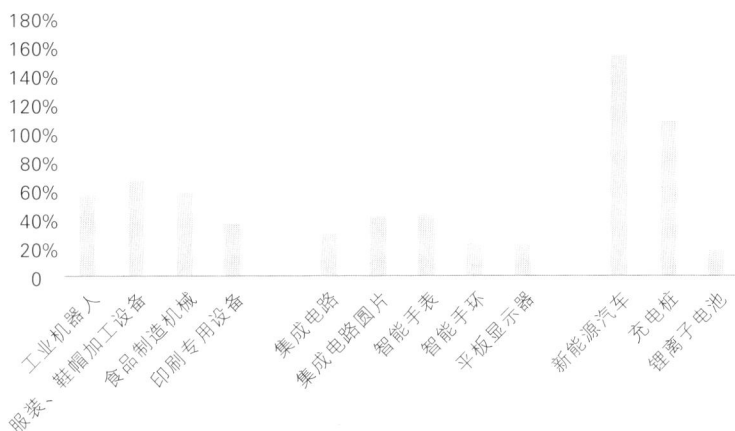

图 3　2021 年广东省主要工业产品增长情况

(二) 市场主体活力迸发，产业生态日趋优化

近年来，广东持续深化商事制度改革，培育壮大市场主体，激发市场活力，规模以上企业数量不断增加。截至 2021 年末，全省规模以上工业企业数达到 55 605 户，比 2015 年末增加 15 036 户，年均增长 6.5%。

龙头引擎企业成为提升广东产业竞争力的领头雁。广东龙头企业和大企业集团的数量和质量不断取得突破，2021 年共有 16 家企业进入世界 500 强，其数量仅次于央企聚集的北京。"专精特新"企业成为广东产业强链补链的生力军。截至 2021 年，广东共有 433 家国家级专精特新"小巨人"企业，排名全国第二。

从图4可见，深圳的"专精特新"企业数量遥遥领先，是创新的重要基地。

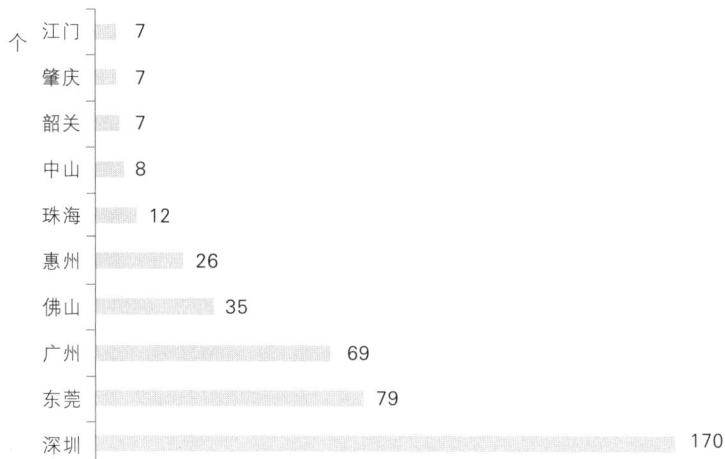

个

城市	数量
江门	7
肇庆	7
韶关	7
中山	8
珠海	12
惠州	26
佛山	35
广州	69
东莞	79
深圳	170

图4　广东"专精特新"小巨人区域分布（个）

从行业分布看，如图5所示，计算机通信和其他电子设备、批发业、研究和试验发展等行业发展得比较快。

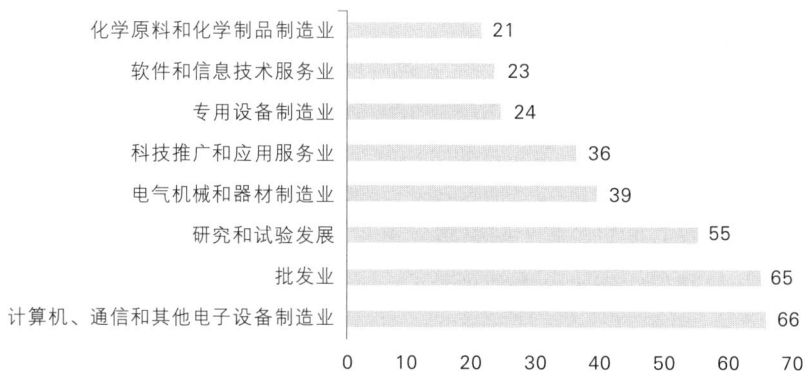

行业	数量
化学原料和化学制品制造业	21
软件和信息技术服务业	23
专用设备制造业	24
科技推广和应用服务业	36
电气机械和器材制造业	39
研究和试验发展	55
批发业	65
计算机、通信和其他电子设备制造业	66

图5　广东专精特新"小巨人"行业分布（个）

（三）创新能力优势明显，创新效能稳步提升

近年来，广东省聚焦战略科技力量建设，不断加大基础研究投入，加快关键核心技术攻关，促使产业创新能力显著提升。

《2021年全国科技经费投入统计公报》数据显示，2021年广东省R&D经费支出达到4 002.2亿元，成为全国唯一突破4 000亿元的省份，R&D经费投入强度3.22%，排名全国第四。

截至2021年，广东省专利申请量和授权量、国内发明专利有效量、PCT国际专利申请受理量等指标均居全国首位，知识产权综合发展指数连续9年稳居全国第一，关键核心技术自主创新不断实现突破，见表1。

表1　　　　　　　　　2012—2020年部分省市区域创新能力排名

区域	2012	2013	2014	2015	2016	2017	2018	2019	2020
广东	2	2	2	2	2	1	1	1	1
北京	3	3	3	3	3	3	2	2	2
江苏	1	1	1	1	1	2	3	3	3
上海	4	4	4	4	4	4	4	4	4
浙江	5	5	5	5	5	5	5	5	5
山东	6	6	6	6	6	6	6	6	6
湖北	11	12	10	12	12	9	9	8	7

数据来源：2012—2020《中国区域创新能力评价报告》。

根据《中国区域创新能力评价报告》（见表1），自2017年起，广东省区域创新能力连续4年位居全国首位。2021年广东区域创新综合能力综合得分65.49，是自1999年开始中国区域创新能力评价以来，全国省市区域创新能力评价的历史最高分，领先第二名的优势从2020年的6.64分扩大到2022年的7.5分。

2020 年，全省研究与试验发展（R&D）经费投入 3 479.9 亿元，比上年增加 381.4 亿元，增长 12.3%，R&D 经费投入强度（与全省地区生产总值之比）为 3.14%，比上年提高 0.27 个百分点，研发投入总量位居全国第一，研发投入强度位居全国第三。图 6 虽然没有最新的数据，但这个趋势没有变，占全国的比重不断提升。

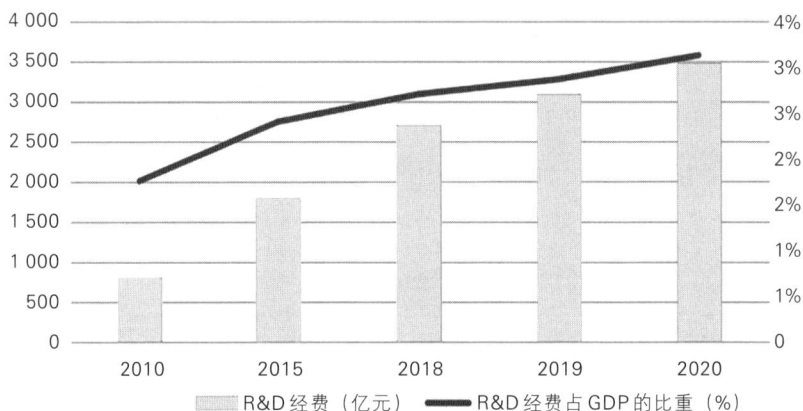

图 6　广东省 R&D 经费投入情况

对比广东、江苏、浙江三省的 R&D 经费投入情况可以看出，如图 7 所示，过去几年广东一直占首位。

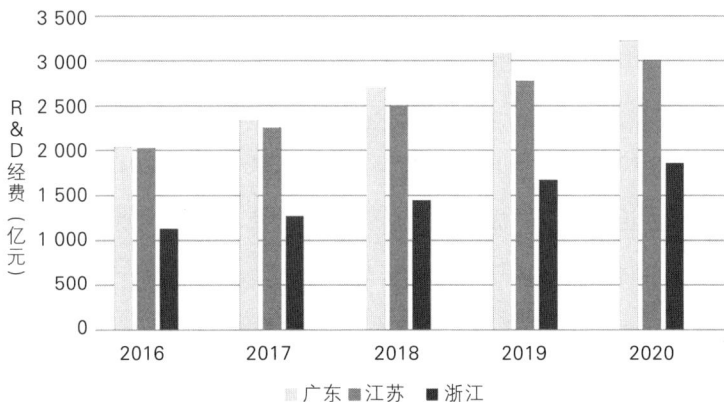

图 7　2016—2020 年广东、江苏、浙江 R&D 经费投入情况

从广东内部看，如图8所示，深圳R&D经费占全省R&D经费比值遥遥领先。

图8　"十三五"期间珠三角各地市全社会R&D经费投入情况

从研发活动主体看，如图9所示，企业处于绝对主体地位，而高校和研究机构的潜力还远远没有发挥。

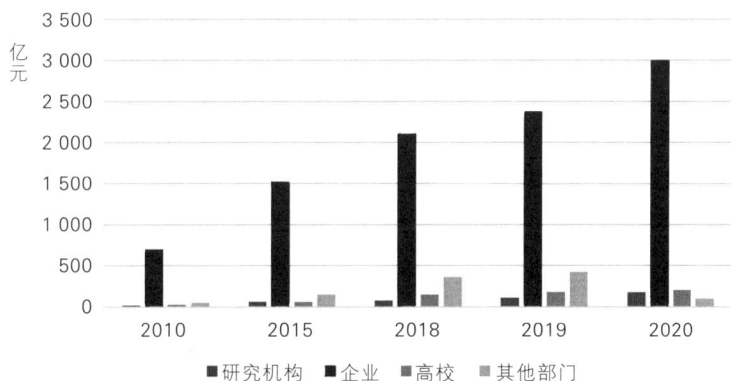

图9　广东省按活动主体划分的R&D经费投入情况

（四）产业集群加速壮大，跨区协作不断深入

广东省积极推进制造业产业集群高质量发展。截至2021年，20个产业集群增加值占全省地区生产总值近4成，成为广东省打造世界领先水平的先进制造业基地的主要力量。

十大战略性支柱产业立足于"稳"。2021年十大战略性支柱产业集群实现增加值43 262.03亿元，占全省地区生产总值比重的34.8%。其中智能家电、汽车新型材料、医药、生物医药健康等5个产业集群占了十大产业的44%，成为全省经济发展的"压舱石"。

十大战略性新兴产业着眼于"进"。2021年十大战略性新兴产业集群实现增加值5 807.94亿元，同比增长16%，其中半导体与集成电路、前沿新材料产业集群增长势头迅猛，成为全省经济发展新的增长点。

另外，为促进区域间产业集群协同发展，广东建立了大型的产业集聚区。2021年广东省建设珠海、汕头、佛山、中山、江门、湛江、肇庆等7个大型产业聚集区，培育了首批19个特色产业园，现在累计有95个省的产业园，成为粤东粤西粤北发展的主要动力源。

（五）开放水平不断提升，合理规避产业链的风险

广东对外开放水平保持稳定增长，2021年外贸进出口额为8.27万亿元人民币。从重要贸易伙伴数据来看，RCEP、"一带一路"建设成效显著，二者覆盖主要贸易伙伴，东盟已成为广东最重要的贸易伙伴。

在国际贸易保护主义抬头，地缘政治冲突频繁的背景下，为确保产业安全，产业链在岸化、近岸化成为大势所趋。

广东与东盟国家之间的贸易总额不断上升，一定程度上体现出广东产业链供应链近岸化布局的趋势，将与我国在产业、文化、基础设施等领域有较深厚合作基础的东盟国家作为产业链跨境对接融合对象，能够有效规

避"卡链""断链"风险。

二、当前广东产业发展需要关注的突出问题

（一）工业尤其是制造业占比下降过早过快，规模经济优势不断弱化，不利于依托实体经济稳增长和保就业，不利于提升国民经济整体的生产率水平

特别值得注意的是，从 2002 年开始，得益于重工业化战略实施和中国加入 WTO，广东能源化工等上游重大项目加快布局，推动工业比重大幅抬升，于 2008 年达到峰值（47.29%）。然而 2008 年以来，广东去工业化趋势日渐严重，工业占比从 2008 年的峰值 47.29% 下降至 2020 年的 35.12%，累计降幅达到 12.17 个百分点。

从国际经验来看，在整个中等收入阶段，工业尤其制造业比重往往会相对稳定，并维持在高占比区间运行，只有到高收入阶段或后工业化阶段，制造业比重才会明显下降，服务经济逐渐成为主导。

与发达国家不同，广东在中等收入阶段（2005—2020 年），工业比重从 46.58% 快速下降到 35.12%，累计降幅达到 11.46 个百分点，明显大于发达国家相应阶段平均降幅（2.98 个百分点），也大于江苏降幅（8.60 个百分点）、浙江降幅（10 个百分点）。

这表明广东工业（制造业）占比存在过早、过快下降的严重问题，具有明显的"早熟"性质，制造业的质量优势和创新优势尚未建立起来，而规模优势和增长动力却在不断弱化。

制造业大规模吸纳就业、衍生出巨大的服务需求，同时又是创新诱导型产业和诱导创新型产业，对国民经济整体生产率水平具有决定性作用。

事实上，制造业是广东大多数科技创新活动的孵化场景和应用领域，也是生产率提高最快的产业。

广东工业尤其制造业比重下降过早过快的问题必须得到快速的、根本性的扭转。

由图10可以明显看出，这种下降的趋势，2021年又稍微上升了1.18%。

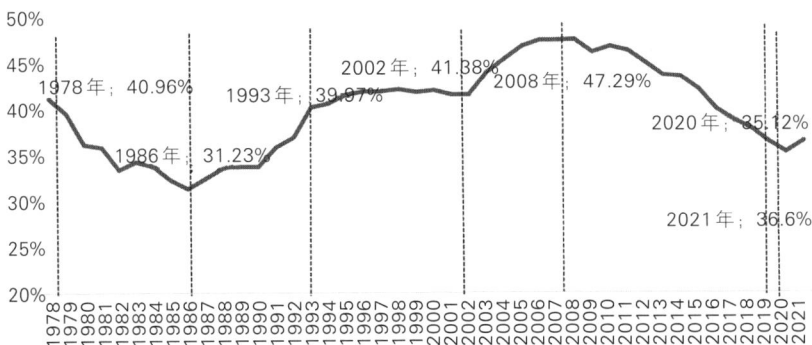

图10　1978—2021年广东工业增加值占GDP比重的变化

由表2中等收入阶段制造业工业增加值占比的对比可以看出，广东从2015年就开始下降。

（二）工业生产长期倚重下游最终消费品组装制造，上游关键中间产品配套短板尤其突出，不利于维护产业链供应链安全稳定和自主可控，不利于围绕全产业链建设和产业集群升级来挖掘增长动能

一是工业生产"重下游、轻上游"，产业链发展不充分不均衡问题突出。二是劳动生产率、附加值率、利润率偏低，整体上位于全球价值链中低端。三是产业链缺链断链问题突出，工业抗风险能力偏弱。当前广东工

表2   中等收入阶段制造业/工业增加值占比的变化情况

国家	开始（%）	结束（%）	差距（%）	时间段	时长
美国	24.37	23.73	-0.64	1941—1962年	21年
英国	39.54	34.78	-4.76	1953—1973年	20年
法国	22.52	20.34	-2.18	1960—1971年	11年
德国	40.26	36.26	-4	1960—1973年	13年
日本	33.01	28.18	-4.83	1968—1977年	9年
韩国	32.16	30.69	-1.47	1988—1995年	7年
发达国家平均数	31.98	29.00	-2.98		
广东	46.60	34.19	-12.41	2005—2020年	15年
江苏	50.50	41.90	-8.60	2005—2014年	9年
浙江	47.30	37.30	-10.00	2004—2018年	14年
山东	49.40	—	—	—	—
全国	41.30	—	—	—	—

业受到终端市场激烈竞争和上游关键部件卡脖子的双重挤压，难以应对市场超预期波动风险。

（三）科技创新长期倚重创新链下游应用研究，上游基础研究能力明显薄弱，关键核心技术严重不足，不利于传统产业借助新技术维持增长趋势和增强市场竞争力，不利于抢占国际技术前沿赛道培育新产业、新动能

一是基础研究投入明显不足，战略性科技力量偏少偏弱。2021年体

现原始创新能力的基础研究投入仅占研发投入的5.9%，低于全国6%的平均水平，与发达国家（20%）更是差距甚远。二是核心技术和关键部件严重依赖外部供给。全省90%以上的高端芯片和高端装备制造业关键零部件依赖进口，碳纤维、晶圆、碳化硅等高端新材料全部依赖进口。三是工业结构高度化不足，效率水平总体偏低。广东工业结构高度化指标总体偏低，有相当部分工业行业仍然处于高加工度化阶段（包括劳动密集型加工和技术密集型加工）。制造业内部结构存在劳动密集型与资本、技术密集型制造业共存的二元结构特征。

（四）参与国际大循环规模大但层次低，全球价值链获利能力和治理能力明显不足

一是经济增长对外需市场依赖程度偏高。2021年广东外贸依存度仍高达66.5%，比江苏、浙江分别高21.7和10.2个百分点。二是贸易层次偏低，对国际经贸规则和标准制定缺乏话语权。2021年广东加工贸易占比为28.2%，远高于浙江（7.6%），这种"两头在外"的贸易模式正遭遇前所未有的供应量挤压和市场需求萎缩双重打击。三是终端消费品出口为主，产品结构相对集中。终端消费品比中间品更难适应市场变化，因而广东工业出口受国际市场动荡影响更大。

（五）工业产品供给结构与内需市场适配性不足，国内市场品牌建设和营销网络布局滞后，不利于充分利用国内超大规模市场优势，不利于构建新发展格局战略支点

一是供应链体系内嵌不足，产品体系对内需市场匹配偏弱。二是国内市场营销渠道建设不足，品牌效应难以在短期内形成。三是国内市场交易规则难适应。

（六）区域间产业发展差距偏大，产业链共建明显不足，不利于全省挖掘和培育经济增长新动能，不利于跨区域打造世界级产业集群

一是区域间产业发展差距偏大。二是区域间工业化进程呈现明显的梯度差距。三是区域间产业链共建严重不足。珠三角地区土地低水平开发日益饱和，粤东西北地区产业承接能力明显不足，产业链向省外转移逐渐增加。

三、广东产业高质量发展的建议

（一）以"双十"战略性新兴产业集群建设为重点，启动重大项目建设，扩大制造业有效投资，巩固制造业对经济增长的稳定器和压舱石作用

一是加强分区域分行业分类投资指导。聚焦"双十"战略性新兴产业集群，推进制造业重大项目建设，完善重大项目落地全周期服务体系。编制全省产业链招引指南，招引一批强链补链项目。二是谋划推动高能级大型产业集聚区投资建设。培育一批"万亩千亿"高能级战略性产业平台，打造一批特色产业园区。三是着力构建项目政策服务和要素保障机制。

（二）以全过程创新生态链建设为主线，强化战略科技力量引领和关键核心技术攻关，打造具有全球影响力的科技和产业创新高地

一是集中资源锻造战略科技力量，包括争取国家实验室，争取重大科技项目，推动建成大科学的装置群。二是强化关键核心技术攻关。三是强化创新型领军企业带动作用。四是全力建设广深港澳科技创新走廊。

（三）以强化关键中间产品配套为核心，着力构建自主可控、协同共生、智慧弹性的产业组织生态系统，增强产业链供应链韧性和抗冲击能力

一是夯实产业基础支撑能力。二是推动制造业全面数字化转型，增强

产业链供应链韧性。三是实施优质企业梯度培育计划，构建协同共生的产业组织生态系统。四是建立产业链供应链风险预警与极端冲击防范机制。

（四）坚持供给侧结构性改革主线，不断提升供给体系对国内需求的适配性，形成需求牵引供给创造需求的更高水平产业发展动态平衡

一是以供给侧结构性改革为主线，充分发挥超大规模国内市场的消费拉动潜力，拓展产业转型升级的市场空间。要用好背靠超大规模国内市场和对外开放桥头堡的双重优势，提升广东省产业竞争力。二是跳出单打独斗的"囚徒困境"，以营商环境建设为抓手，强化与国内其他地区间联动发展。三是提升广东制造质量水平，塑造优质品牌形象。四是积极培育本地大型数字化流通企业，加快建立高效快捷的物流体系。

（五）大力推进粤港澳大湾区一体化，拓展国际合作发展空间，发挥好双循环节点省份功能

一是积极推动粤港澳大湾区一体化建设，发挥连接港澳桥梁纽带作用，打造全球要素集聚高地。二是把握好RCEP和"一带一路"建设的机遇，为广东省产业转型升级创造外部拉力。三是发挥好开放门户功能，深度参与国际产业链供应链重构。

电力体制改革的主要内容及我国必须解决的几个问题

刘树杰
国家发改委经济研究所原所长、研究员

一、发达市场经济国家电力体制市场化改革的主要内容及其内在联系

发达国家电力体制市场化改革的基本架构主要有四方面共同特征：

第一，构建竞争性电力批发市场是核心。电力是一个基于系统集成的，需要连续地实时平衡的产品，这是其基本的技术特性。因此，电力系统是一个复合控制区的概念，简单说就是要有一个调度。在调度范围内或称为平衡控制区，建立一个紧密的竞争性的电力批发市场，是核心内容。这个市场有时是一个场所或一个交易平台，也有可能是基于电力的交易制度，是一种新型的电力交换关系。鉴于电力市场特殊的技术特性，电力市场必须要进行设计，而且要由公权力机构进行设计，依法实施。

第二，要有若干家相互竞争的市场主体。具体来说，就是在可竞争的环节，发电、零售有若干家能够竞争的发电商、零售商，即可竞争的市场结构。

第三，独立的电力系统运营机构。不仅独立于发电商，独立于零售

商，而且要独立于电网公司，是独立运营的。电网的产权可以是分散的，可以多家所有，很多国家的电网公司都是上市公司，但是电网必须独立运营，这才能实现电网的公平开放。

第四，独立行使职权的监管机构。不仅要监管输电的价格、配电的价格以及投资规划等影响成本的行为，也要监管电力的调度，对系统运营商进行监管。

这四点是基本架构，具体的改革内容，每个国家并不完全相同。比如欧洲国家，是公有的或者国有的电力系统，电力企业都是国有企业，改革的任务比较复杂。虽然简单说，改革的方向是市场化、私有化，但是具体到电力行业，欧洲国家大体上与我国正在做的差不太多。

其实，我国电力改革期初学习的就是英国的经验。首先要把电网和发电分开，进行重组。其次要建立现代监管机构。国有是对监管的替代，英国电力原来是国有的，因而没有独立的监管机构，一旦私有化之后，必须要有监管机构，美国早先的电力工业都是私有企业，所以在美国不存在私有化的问题，但这也是美国电力市场设计需要克服的困难。美国已经成功克服，美国这些一体化的电力公司不能分拆，但是通常规模都不是很大，美国的做法是把若干家的电网交由一个运营机构来统一运营，产权还是原公司的，但电网的运营归一个机构，这可以保证网络的公平开放。这样各个一体化的电力公司之间就形成了竞争。

总体来讲，我们所说的电力体制改革在国外就是市场化改革，因此所有的改革都是为了建立一个有效竞争的电力批发市场。基于这样一个目标，才有所谓的企业重组、行业分拆及其他一系列改革措施。

二、发达市场经济国家电力市场化改革的起因

总体上，可以概括为四个因素：

一是公众对电力行业的低效率一直不满，主要表现是容量过剩严重。

二是20世纪70年代以后兴起的私有化和自由化的思潮。

三是电信、铁路、天然气等传统垄断行业放松管制的成功实践。

四是锐意改革的政治家执政。

三、我国电力体制改革的起因及历程

我国电力体制改革起始并不是基于理论的先导作用，与其他改革一样，都属于摸着石头过河。自从20世纪80年代国家开始大规模改革开放以后，电力工业的掣肘作用越来越突出，即非常严重的电力短缺。因此，在邓小平"黑猫白猫"论的指引下，电力行业本着实用的态度，以增加电力供电为目标，搞了一个"多家办电"。1985年开始，我国的电力工业体制就已经发生了突破性改革，突破了传统的一体化的电力部以及后来的国家电力公司体制。1995年以后，我国就已经出现了局部地区和局部时间段的电力过剩。1997年亚洲金融危机过后，由于外需锐减，国内经济也很萧条，电力更加过剩。

在这种背景下，原来独立的发电企业，多家办电兴起的企业和原来电力部的部属企业、后来的国家电力公司还是一体化的，即"发、输、配、售"是一体化的，发电权的争夺非常尖锐。这是中国电力体制改革最基础的动因。之后，英国电力体制成功市场化改革的消息传入中国，给中国决

策者带来了及时启示。于是，采取了竞争性策略，让发电企业竞争，争夺发电权的问题随之解决。这两条是中国电力体制改革（2002年国务院发的关于电力体制改革的决定，俗称"5号文"）的最基础性因素。

2002年以后，电力体制改革的主要成就是"厂网分开"，但是竞争性电力市场一直没有建立起来。而独立的发电公司越做越大，规模越来越大，所以必须要给发电定价，电价改革也由此伴随电力体制改革全程。

2002—2014年这一阶段，虽然没有建立起竞争性的电力市场，但还是有成就的。各个独立的发电公司，虽然都是国企，但相互之间存在标尺竞争。这对提高发电行业的效率有很重要的作用，所以十几年间，中国发电行业的效率大幅提升。

"9号文"出台以后，中国电力体制改革进入第二阶段。与"5号文"相比，主要区别是重申要加快推进竞争性电力市场，提出要加强对中间环节电网的监管。目前，全国有10多个省份已经试点建立竞争性的电力现货市场。

中国的电力体制改革不仅仅是市场化的问题，同时还面临如何建立现代电力监管体系的问题，包括对电价的监管。目前基于回报率管制的监管已经进入第三轮，对电网公司成本的约束机制比过去有所加强。当然，由于其他方面的约束条件还有很多，距离现代化的电力监管体系还有一定差距。

四、我国电力体制改革深化必须解决的几个问题

（一）明理

电力体制改革必须尊重科学，党的十八大报告提出，要更好发挥政府

作用，减少不当干预，不当干预其实就是不讲科学。现在最大的问题是缺少从经济学的视角理解竞争性电力市场。毫无疑问，竞争性电力市场的建立必须与电力的技术特性相融合，要保证实时平衡不被破坏，但是市场是一种经济关系，是一种制度安排，是一种利益关系。

因此，电力体制改革首先要厘清"一个核心、四大支撑、一项衍生"的电改逻辑，其次要用经济学的视角与方法理解电力市场，包括电力市场的本质、电力批发市场的交易模式、电力批发市场的构架及其内在联系等，再次要讲究"成本—收益"比较，目标、路径的选择，应基于国情、省情"约束"条件做"性价比"最高的选择。

（二）顺势

一是要将国家重大的能源政策、战略部署与市场化电力体制相融合。

二是要讲究"激励相容"。与电网公司的"激励相容"，如电网的架构、平衡控制区的布局及其连接方式，电网运营的行业组织结构，电网企业合理利益的保障。与地方政府的"激励相容"，电力平衡控制区依托的政治架构及利益结构。

三是与国家能源治理体系和能力现代化的进展程度，如法治环境、监管机构的能力建设等，相适应。

（三）顶层设计

顶层设计不仅仅是一个系统性设计问题和整体设计问题，应当基于根本（或核心）问题的解决形成整体性改革方案。

一是要具有逻辑性。遵循体制的内在逻辑，抓住根本，"提纲挈领"地解决问题。

二是要具有整体性。相关问题统筹考虑，体制变革与政策调整相互配合，协同推进。

三是要具有权威性。改革方案有"权力顶层者"参与设计，可执行、能落实。

（四）改革的体制

一是要确定责任。现在责任不清楚，要做到可问责，不能有相互推诿的空间。现在虽然也有评估机制，但是谁来评估很重要，是向评估"召集人"负责，还是向评估机构负责？

二是辩论机制。应该要有公开的辩论机制，重大的公共政策都应该可以公开辩论，如果只是在一些专家座谈会上讨论，是不能解决问题的。专家水平参差不齐，也会有个人立场，如果没有辩论机制，任何一个公共政策的科学性都无法得到有效保障。

数字化、创新发展格局与区域发展战略：现阶段典型事实与对策思考

郑江淮
南京大学经济学院院长、教授

一、现实背景

当前，我国区域发展差距非常大，经济发展要想上一个新台阶，一个重要思路是消除地区发展差异，从不平衡发展变成平衡发展，落后地区赶上发达地区，这样整体水平就会提高。对于实现途径，还有不同的观点，也有很多思路和方法。

对实际发展差距，从省级层面来看，2012—2021年的省级差距在持续扩大，进入到创新发展阶段，发展差距可能会进一步扩大。但是从省级这个角度来考虑问题，可能并不是一个非常好的切入点，从城市群角度考虑，可能也不是一个好的切入点。需要从新的视角，对这一问题展开分析。从省级来看，江苏、广东、浙江都是发达地区，但在地区内部不同城市之间，差距实际非常大，比如苏南和苏北的地均规上企业单位数，新冠疫情暴发以后，苏南地区还在保持着持续上升态势，但苏北有明显的下滑。

根据党的二十大报告的论述，我国将进入数字化时代，创新发展也将

进入新的阶段。党的二十大报告有史以来第一次以三个大段的篇幅来部署创新发展工作，显示出创新发展的紧迫性。与传统的工业化发展阶段的区域发展相比，创新发展阶段的关键要素将是不同的。

对于数字化发展阶段，首先要搞清楚其本身的一些规律，预判一些趋势。从理论研究、调查研究、实证研究的成果来看，已经达成了一些共识，即数字化在各个行业的应用是对大量劳动力的替代，同时对高级劳动力又产生了大量需求。最新的一些问卷调查分析文章进一步发现，数字化所带来的自动化不仅提高了生产率，同时还扩大了产品的服务范围。

对于中国而言，数字化依然任重道远。最近的中央经济工作会议，对平台企业又赋予了新的厚望，希望其在创新创业、就业中发挥作用。从全球范围来看，我国的平台企业与美国的平台企业实际已经在同一个市场竞争，但现有的规模和技术水平并不处于领先地位，属于后行动者，而后行动者是有后发劣势的。数字化发展还有很大的发展空间。

数字化发展最关键的是人才。从人工智能的人才分布来看，中国是人才供应大国，但并不是人才使用大国。我国的优势在制造业，即对机器人的使用规模。我国使用的机器人的数量在全世界遥遥领先。

二、创新发展的地理异质性

创新发展在地理上表现出多中心、多极化的态势，有集聚性，即多中心式集聚。创新发展研究，主要是分析区域创新联系。传统的创新研究是基于熊彼特的创造性破坏的框架，但是熊彼特在经济发展理论的著作中明确指出，他所讲的创新不考虑发明过程，发明过程是科学家的事。但是，在中国的创新发展中，短板和薄弱之处恰恰在发明环节。因此，如果还是从创造性破坏的角度考虑创新可能是不够的。熊彼特的创新理论更多是产品在市场中的创新表现，以及创新活动的产业化、市场结构变化，与创新的发生过程、研发过程没有关系。如果回到发明过程来看的话，发明活动的地理性实际上与产品创新在市场上的地理性是完全不一样的。

（一）数字经济发展与地理：分析与事实

有研究发现，数字技术的使用可以大大缩短研发合作的空间距离，也就是说不再受地理的约束。通过数字技术连接在一起的合作团队呈现出一个持续上升的过程，比如各个公司到其他国家去搞研发中心，搞研发网络，但是一些破坏性颠覆性创新的团队数量变得越来越少。这就提出了一个新的课题，即如果要发生破坏性创新、颠覆性创新的话，数字技术所形成的远距离和团队可能并不是一个有效方式。

（二）数字化的发展含义：三次发展假说

按照传统的刘易斯二元经济论的发展，剩余劳动力会从一个部门转移到另外一个部门。但是数字经济发展是把经济现有的传统的工业化发展中一些依赖人的经验、知识、技能进行数字化，大大降低了对人的依赖性。数据编排重组空间所带来的产品、技术的创新空间大大增加，以至于各个行业的内部企业之间发生分化，行业间发生分化。对于创新的支撑，不仅支撑了创新的兴起，而且支撑了创新的发展。

（三）创新发展格局：现阶段典型事实

通过世界最大2 500家公司的研发活动分布可以看出，其研发支出在全世界的商业活动中占比90%，非常具有代表性，基于这些企业的分布来看，每个国家的创新活动最初并不全部发生在本部内部，而是在其他国家办了很多子公司或分支机构、研发机构。

在国际化、全球化创新活动、创新投资中，全球化程度最高的是日本、欧盟，美国的全球化程度要低于前两者，全球化程度最低的是中国。从国家表现来看，跨国公司在全球范围内的研发在各个国家之间进行，是一种技术互补关系。比如人工智能技术，中国在人工智能专利上与美国的专利侧重点完全不一样。如果产业化以后，各个国家的技术结构就能形成互补关系，各自发挥自己的比较优势，吸引人才互相流动，共同推进行业的发展。

（四）创新发展格局：行业间与企业间差异

创新发展格局的一个重要标志是地区间技术互补性，另一个标志是形成本地化集聚的态势。通过对中国的数据分析可以发现，中国创业活动越来越多地向少数城市集中。创新发展格局从微观企业层面来看，企业之间在分化，大企业遥遥领先，市场实力不断增强，生产率水平与其他企业的差距在持续扩大。

（五）创新发展格局：全球发明人才流动趋缓

还有一些最新研究发现，创新的差异并不在于公司层面，如果深入到员工层面看的话，创新人员、发明人员对创新的贡献率要远远高于企业本身，创新人才是创新差异的本质所在。我们研究发现，发明人才在全世界的流动配置发生了周期性的变化，从20世纪80年代到2019年完成了一个完整的周期，人才流动处于低水平。因此，人才中心建设的难度非常大。

不流动的含义是什么？结合数据来看，就是说各个国家之间研发合作所构成的研发网络的密度是先升后降，说明现在创新活动基本上处于一个稳定期，人才流动少了，各个国家之间相互构建分支结构，开展研发合作的形态也趋于稳定。在此基础上的技术创新、产品创新，实际是进入到了产业化创新阶段。由此对人才的需求相对会比较少一点。对于后发国家来说，难度就更大。

（六）地区创新发展思路：产业集聚还是技术集聚？

进入创新发展阶段，地区间的联系会发生什么样的变化？传统工业化发展阶段，是通过产业投资、产业园区、产业集群的思路来发展的。但是进入到创新发展阶段，技术创新活动之间是不是也呈现出技术集聚？技术活动研发集聚、研发人才集聚之后形成技术集聚。如果形成技术集聚的话，有没有中心-外围的关系？

同一个行业的研发活动，从它研发的原始创新活动到技术开发过程，在地区间是互补的关系。因此，可以按照各个地区的技术互补的方式来衡量各个地区的技术复杂程度。如果以城市为单位的话，各个城市间实际上存在一个技术创新中心-外围的关系。这些"中心-外围"之间实际上是一个技术互补的区域。但是，有很多区域并不在某些技术领域的区域范围内，这样，某一类行业或某一类技术领域，就可以把地区分为技术集群内与技术集群外两个区域。如果创新发展、技术发展能够支撑相应的巨大的产业发展的话，集群内和集群外的地区在这一产业上的发展就会呈现出明显的分化。

三、对策思路

数字化赋能使得公司将发生比较明显的分化，无论是从研发创新还是从技术创新、产品创新来看都会这样，而创新又向大企业集中，主要的关键要素又是发明人才，这些大企业与发明人才又在少数创新中心集中，这样就形成了中心-外围地区。由此得出的政策需要是如何让区域加入到这样一个地区。

如果把中国所有省份都放在一起看，毫无疑问相互之间是联系的，但是发展的差距又在持续扩大，因此从省级层面来看意义不大。但是从城市来看的话，一个省内少数一些城市可能与其他创新中心城市在一个区域网络，而同省的其他城市可能就与这个技术网络没有关系了。因此，从省级层面来看，城市间的发展差距在扩大，但不同省份的城市之间组成的技术集群可能发展得比较快，在集群之外的其他城市由此就形成了分化。

　　因此，技术集群导向的区域发展战略，首先地点应该在城市层面，城市间的差别要尽量最小化，也就是创新活动、创新机构、创新资源禀赋要尽可能差异最小化。国家层面、省级层面上，应有针对性地在各个重要城市之间布局创新活动，而不能集中在少数地区、少数城市。创新中心的建设也是非常有艺术的，只有把技术集群内部的城市变得越来越多，才能共同支撑创新发展，才能带动中国整体生产力水平的提升，才能实现经济增长的目标。

推动中小企业向"专精特新"发展情况研究

杨东日
中国电子信息产业发展研究院
（赛迪研究院）中小企业研究所所长

中小企业是国民经济和社会发展的生力军，是建设现代化经济体系、推动经济实现高质量发展的重要基础，是扩大就业、改善民生、实现共同富裕的重要支撑，是促进创新和实现绿色发展的重要保障，也是构建新发展格局的重要力量。"专精特新"中小企业是中国广大中小企业中具有引领示范意义的优秀企业群体，因其创新活跃、贴近市场、竞争意识更强，能够较好提高经济活力，促进资源配置，在促进地区经济发展中发挥着举足轻重的作用。本文以第四批"专精特新"中小企业为例，全面系统地分析了我国专精特新中小企业的发展状况，并对其未来发展趋势做出基本的判断。

一、"专精特新"相关政策及内涵特征

（一）发展进程

"专精特新"的概念从 2006 年首次提出，2011 年 7 月列入《"十二五"中小企业成长规划》，经历了将近 5 年时间，政策储备时间较长。从 2011 年至今，已经历了十多年时间，即从最初储备发展到现在已经 16 年

时间，时间跨度非常长。在这么长时间里，国家部委一直在探讨一种维度来描述创新型企业或者优质中小企业，进而提出了"专精特新"概念。概念提出以后，经过几轮演进，内涵逐渐丰富。

第二阶段：加大政策引导阶段。"专精特新"取得共识后，国家部委开始考虑政策引导。2019年4月，国务院办公厅和中共中央办公厅印发了《关于促进中小企业健康发展的指导意见》，成为非常重要的里程碑事件。2019年5月，工信部公布了第一批248家专精特新"小巨人"企业。但这248家专精特新"小巨人"企业与当前的"小巨人"企业统一口径不一致。现在第一批"小巨人"企业核减了一部分。2020年11月，第二批1 584家企业评完之后，在市场上逐渐就掀起了热潮。到了2021年7月，第三批2 930家企业公布之后，市场达到了一个空前的热度。随后，第四批"小巨人"企业和北交所的成立，使得专精特新概念深入人心，同时也走到了非常重要的关口面临诸多问题：当前如何进一步进入资本市场，如何从国家支持到全社会来支持，如何用新型组织体制来推动创新，推动高科技产业发展。

（二）内涵特征

专精特新的概念会持续演进，就现在而言，它依然还是指产品用途的专门性、生产工艺的专业性、技术的专有性和产品在细分市场中具有的专业化的发展优势。精细化重点还是指产品的精致性、工艺技术的竞争性以及企业的管理精细化。特色化是产业特有的个性化，如果一个产品没有特色，或者技术的研发没有特色，不面向特定市场，这个产品迟早会被超越，在市场上很难找到自己的角色。

"专、精、特"事实上是对一个核心问题的创新，也是核心问题创新三个角度的描述。推动中小企业专精特新发展的中心落脚点，一个是创意化，一个是新颖化。我国有1.2亿个市场主体，其中有限公司占了5 000万。国家计划遴选专精特新"小巨人"企业1万家，约占我国中小企业总量的1/5 000。地方政府在专精特新方面存在大量的政策、激励的办法及各种政策的补贴，同时在推动专精特新发展过程中也是不断演化的。

二、第四批"小巨人"企业发展情况分析

（一）区域分布情况

"小巨人"企业区域分布是极其不平衡的，如图1所示。浙江省拥有"小巨人"企业500家，排名第一。广东省拥有"小巨人"企业447家，排第二。江苏省"小巨人"企业数排第三，有424家。山东省排第四，有347家。北京市排第五，有333家。

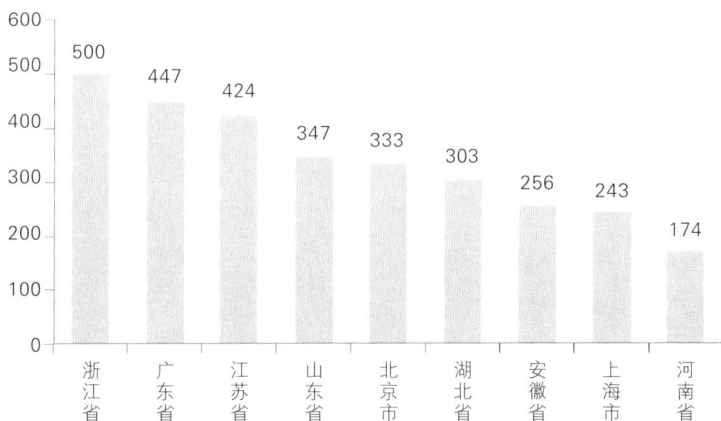

图1 第四批专精特新"小巨人"企业排名前九位的省域分布

数据来源：赛迪中小所整理。

（二）经营年限情况

"专精特新"企业成长是一个非常复杂和漫长的过程，其中经营年限低于5年的"小巨人"企业仅占6%，有976家企业成立时间已超过20年，占比22%，经营年限超过10年的企业占比为72%，如图2所示。很少企业低于10年能够发展成为专精特新"小巨人"企业。这说明一个好的企业的发展，必须有时间的积累，必须有历史的沉淀。

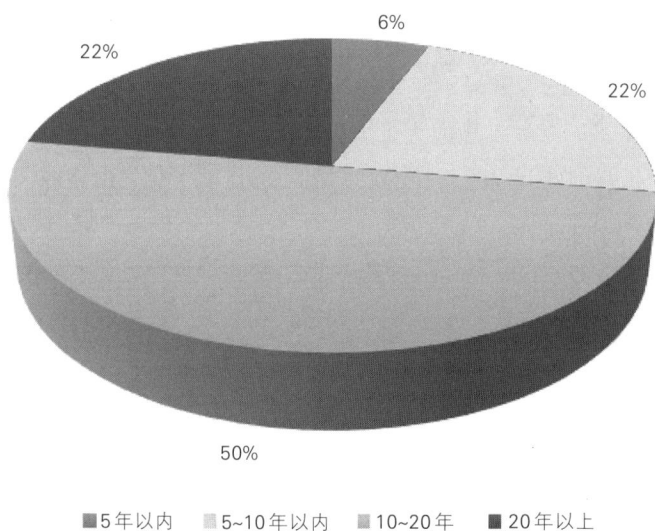

图2　第四批专精特新"小巨人"企业经营年限情况

数据来源：赛迪中小所整理。

（三）市场开拓情况

从第四批"小巨人"企业来看，前三批也包括在内，当前国内各个省份、各个产业园区都在招商引资，但是专精特新"小巨人"这类企业并不热衷于成立分支机构，并不热衷于到地方"跑马圈地"，相反更专注于主营业务，如图3所示。

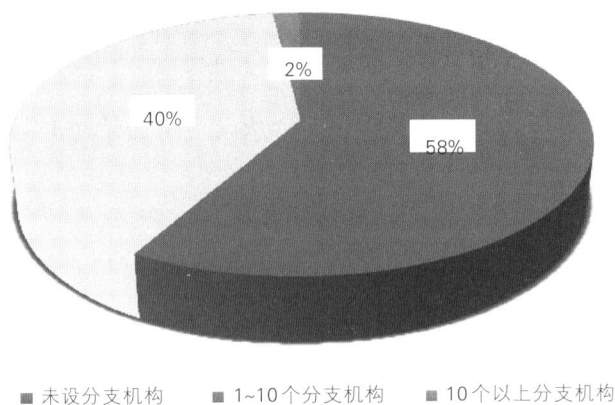

图3　第四批专精特新"小巨人"企业分支机构情况

数据来源：赛迪中小所整理。

（四）行业分布情况

专精特新"小巨人"企业大部分偏向于制造业领域，第四批占比58%，IT领域的设备制造业企业占了约21%，服务业企业占比较低，如图4所示。

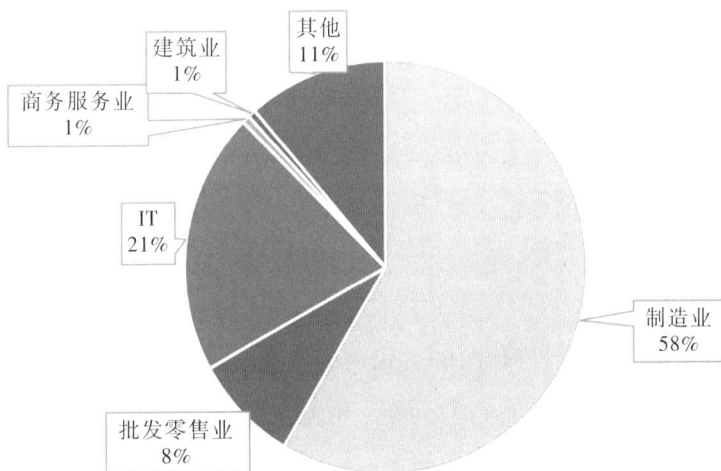

图4　第四批专精特新"小巨人"企业行业分布情况

数据来源：赛迪中小所整理。

（五）各类融资情况

从第四批"小巨人"企业的融资渠道来看，有88%还没有上市，事实上不仅没有上市，融资也很少，大部分的企业还是靠自有资本运营，如图5所示。

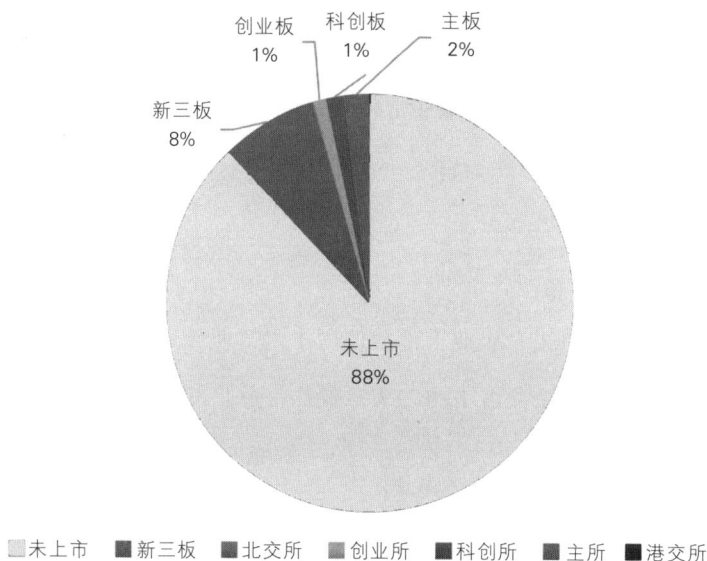

图5　第四批专精特新"小巨人"企业上市情况

数据来源：赛迪中小所整理。

（六）创新情况

从创新能力来看，拥有100件以内的专利数的企业占比约71%，拥有100件以上专利数的企业约占29%，如图6所示。由此可见，专精特新"小巨人"企业创新能力远远高于普通企业以及普通的民营企业。

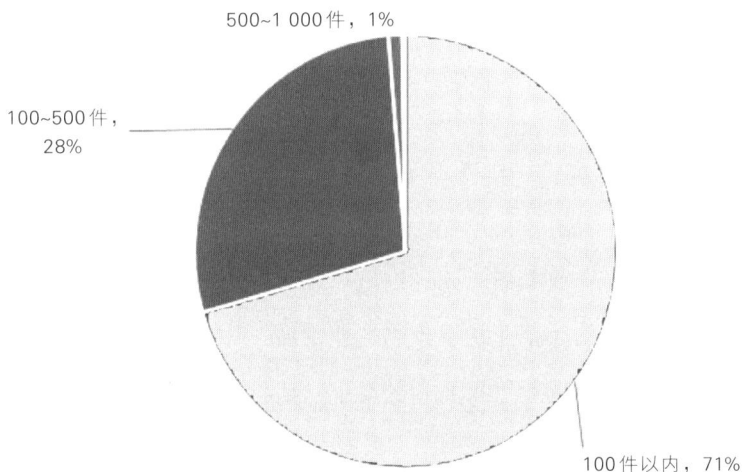

500~1 000件，1%

100~500件，28%

100件以内，71%

图6　第四批专精特新"小巨人"企业拥有专利情况

数据来源：赛迪中小所整理。

三、我国专精特新"小巨人"企业发展趋势判断

（一）区域分布不均衡，"强省恒强"还将持续

4年间，我国已累计认定四批共8 997家专精特新"小巨人"企业，"小巨人"企业复合增长率达129.8%，新的"小巨人"企业不断涌现。

企业数量方面，2019年来，"小巨人"企业区域分布呈现东强西弱、阶梯递减特征。5 370家"小巨人"企业集中在东部地区，占比约60%；2 068家分布在中部地区，占比约23%；1 167家分布在西部地区，占比约13%；392家分布在东北地区，占比约4%。

具体省域方面，强省恒强，"小巨人"企业数量排名前六名省域占全国一半比重（49.8%），分别为浙江（1 068家，占比11.9%）、广东（876家，占比9.6%）、山东（756家，占比8.4%）、江苏（701家，占比7.8%）、北京（582家，占比 6.5%）和上海（507家，占比 5.6%）。

培育基础方面，产业基础是专精特新"小巨人"企业茁壮成长的重要保障。相关分析结果显示，各省份"小巨人"企业数量与工业增加值呈高度正相关关系。各省份"小巨人"企业总数与 2021年工业增加值相关系数高达 0.83。

（二）"小巨人"企业聚焦于先进制造业领域，战略作用凸显

绝大多数"小巨人"企业从事于制造业领域，体现了"小巨人"企业主导产品应优先聚焦制造业短板弱项的要求。四批"小巨人"企业中制造业企业有 8 084家，占比 89.9%。

"小巨人"企业数量排名前十的行业中 9个为制造业，分别为计算机、通信和其他电子设备制造业（1 193家）、专用设备制造业（1 178家）、通用设备制造业（991家）、化学原料和化学制品制造业（819家）、电气机械和器材制造业（718家）、汽车制造业（595家）、仪器仪表制造业（445家）、非金属矿物制品业（369家）、金属制品业（332家）。

当前国际形势多变，新的竞争格局正在加速形成。国和国之间、大国之间的竞争更多体现在中小企业的竞争。任何一个国家的中小企业都具有重要作用，绝大多数中小企业不管是国有的还是民营的，都占有非常大的比重，所以各国之间的产业竞争本质上就是中小企业竞争。

（三）"小巨人"企业对强链补链的贡献度日益提升

制造强国战略重点领域中，分布在高端新材料、5G新一代信息技术、新能源汽车和智能（网联）汽车领域的"小巨人"企业数量排名前三，分别为 2 242家、941家、892家，占比分别约为 25%、10%、9%。

同时，"小巨人"企业普遍与大企业建立了良好合作关系，凸显了产业链协同性特征。其中，9成"小巨人"企业至少与 1家国内外知名大企

业直接配套。

为此，建议国家进一步鼓励符合条件的中小企业积极参与强链、建链、补链、固链、延伸产业链，推动中小企业与产业链上下游企业协同发展。对国外企业的配套能力，是我国"小巨人"企业表现比较突出的一点。比如特斯拉到中国建厂之后，很多零部件的配套工厂都是国内的，而且这些企业都发展得相当不错。在东南沿海地区的调研发现，奔驰、宝马、奥迪、凯迪拉克等汽车的很多零部件，包括核心零部件都是东南沿海企业生产，比如广东、福建、浙江、江苏一些代工厂代工的。

（四）"小巨人"企业经济效益增长稳定，成为区域经济的压舱石

营收方面，截至2021年底，专精特新"小巨人"企业实现全年营收3.7万亿元，同比增长30%。2020年营业收入在1亿元以内的，占比21%；营收处于1亿元至10亿元之间的，占比74%；营收超10亿元的，占比5%。

利润方面，"小巨人"企业全年利润总额超3 800亿元，营业收入利润率超10%。如果去除疫情和国际产业格局重构的影响，"小巨人"必然会成为我国乃至全球一支光彩夺目、影响力强大的产业力量。在各种特征的综合表达方面，更符合国家和区域经济发展的需要。

从数据来看，我国很多专精特新"小巨人"企业在某些方面就是隐形冠军，还有一些虽然暂时不属于隐形冠军，未来在国家政策的驱动下，也必须要成为隐形冠军。因为，我国开放了大量的市场，有一系列的政策都在支持专精特新企业的发展，专精特新企业在北交所上市方面也有优势。

（五）"小巨人"企业的工匠精神更加鲜明，但融资渠道尚未打开

一方面，专注核心业务拓市场。"小巨人"企业中主营业务收入占营业收入比重的平均水平为98%，其中近9成占比超95%。这个表现突出回

答了一个问题，企业若要想做大做强，必须要聚焦，要在全省位于前三才能成为"小巨人"企业。要想市场占有率位于全省前三，不聚焦也无法实现。

另一方面，专注细分领域做精品。"小巨人"企业从事特定细分市场平均时长近16年，深耕10年以上的企业数量达6 874家，占比约77%；主导产品国内市场占有率在10%~30%区间的企业占比约一半，有235家企业主导产品国内细分市场占有率达90%以上。

从融资轮次来看，第四批"小巨人"企业中，"零融资轮次"的企业占比过半，有融资企业的融资轮次以1~3轮为主。

从上市情况看，截至2022年上半年，有765家专精特新"小巨人"企业完成上市，未上市企业占比达到83.9%。可见，多层次资本市场的融资支持作用有待进一步加强，"小巨人"企业直接融资渠道仍有待进一步拓宽。

（六）"小巨人"企业的创新能力不断提升，行业话语权逐步提升

从研发投入看，2021年，"小巨人"企业平均研发费用投入达2 500万元，平均研发强度约为8.9%，近2成"小巨人"企业近2年研发强度超10%。从研发人员看，"小巨人"企业研发人员平均占比约为28.7%，超1成（11.2%）企业研发人员占比超50%。从研发机构看，"小巨人"企业共建设1万多个国家级或省级研发机构，平均每家企业建设1.25个。从专利数量看，"小巨人"企业共持有14万余项发明专利，平均每家持有有效发明专利15.7项。从行业话语权看，"小巨人"企业作为主要起草单位制定修订的已批准发布标准总数累计13 000余项，平均每家企业制定1.5项标准。